043

人生は選択できるあみだくじ

梅森輝信

ゼネラルパッカー会長

JN122734

中経マイウェイ新書

目次

はじめに

2018（平成30）年春、中部経済新聞の「マイウエイ」に執筆をという依頼を受けて、これまで執筆された方々のお名前と肩書を拝見した。大企業や知名度の高い企業で業界の発展に寄与された方、会社を創業し規模の拡大に成功された方、学術経験の豊富な方と、著名人が多く登場されていて、「私などが読んでいただけるようなものはとても書けない」と、いったんは辞退の意向を伝えた。

しかし、話を聞くうちに、生え抜きのサラリーマンがジャスダック上場会社の社長になるまでの実体験でよいという事なので、お引き受けすることにした。

私は名城大学を卒業後、ゼネラルパッカーがまだ小さな町工場のころに入社した。このころは第二次オイルショック後のバブル景気で繁忙を極めており、仕事人間として、「趣味が仕事」などと豪語していた。１９９１（平成３）年のバブル崩壊以降失われた10年といわれる時期に創業社長が急逝し、業績の低迷もあったものの、おおむね大過なく会社員を務めることができた。そして、いつのまにか社長になり、17（平成29）年10月からは会長となっている。

当社の製造している製品は「包装機械」というもので、スーパーやコンビニでよく手にされる食品などの包装をする機械である。日本の包装機械の歴史をたどれば、食品工場の最終工程である包装工程で人手に代わる自動機械として、昭和30年代に欧州から入ってきたものを国産化したのが始まりだ。包装する対象製品の形態ごとに機械が異なり、同じ形態であっても製品の性質や、求める包装能力によっても機械が違ってくるという非常にニッチな業界である。

私は現在、日本包装機械工業会の副会長と中部包装食品機械工業会の会長を引き受けている。この業界は圧倒的に中小企業が多く、創業社長の子や縁戚者が社長を継ぐ、いわゆるオーナー企業のケースが多い。その中で、生え抜きと呼ばれる社長は稀有な存在だと言える。

以前、大学で就活前の学生に「働くとは何か」について話す機会を得たとき、また、現在も業界若手の人材教育の場で話すときの演題は、「人生の分岐点＝あなたも社長になれる」というものである。私の実体験が、若い人に就職や将来に対しての夢や希望を持ってもらえるとしたら、こんなにうれしいことはない。

学生時代は落ちこぼれで、幸運と周囲の人に支えられ、平凡な人生を過ごしてきた私であるが、今、人生の終盤にさしかかり、自分史というか「ふりかえり」のチャンスをいただいたことに感謝したい。

筆者近影

疎開先で生まれて

１９４４（昭和19）年、終戦の1年前ごろまで、私の父母と長男は東京に住んでおり、父は三鷹航空機という会社のエンジニアだった。東京大空襲より先に軍需工場が空襲され、同社は愛知県中島郡稲沢町（現・稲沢市）に工場疎開してきた。そして戦後、会社はいったん解散し、新たに稲沢機械製作所としてスタートした。その社宅で51（昭和26）年、私は生まれたのである。

この地は町の中心から少し離れた微高地に位置し、通称「文化村」と呼ばれ、学校の教師や企業の幹部などが多く住んでいた。家の前の通りは桜並木が続き、春には桜のトンネルがとても綺麗だったのを憶えている。近くのバス停の名前は「城見ヶ丘」と言い、名古屋城が見えたのだという。母は、名古屋城が雨のような焼夷弾で燃え落ちるのを見ていたと話していた。こんな環境で私は姉を含め3人兄弟の末っ子として、甘やかされて育った。私が小さかったころ、我が家には祖母や叔母、叔父などが身を寄せていて、5人家族なのに掘りごたつの1辺に大人が2人ずつ座り、子供は角に座るといった大所帯だった。物のない時代だったのに、両親は寛容だったと思う。

父は、家では口数が少なく、私は怖いと感じていた。典型的な会社人間で、台風で家の戸が吹き飛びそうな時も、会社を見てくると言って、夜中に出ていってしまう。反面、休日には小学生の私をフナ釣りに連れて行ってくれたり、会社から車を借りてきては家族を色々な観光地に連れて行ってくれた。

趣味も多く、魚釣りや金魚（ランチュウ）の飼育、盆栽、謡曲などを一通り凝っていたが、山にシャクナゲを取りに行って滑落し、死にかけたこともある。技術屋ではあったが、手先は不器用で作ったものの見栄えは良くなかった。

母は、口数の少ない父に代わってよくしゃべると親戚から言われていた。手先は器用な方で、陶芸、書、絵画と結構上手だったと思う。料理は、関東風であったが、世の中の先端の料理をヒントに自己流でアレンジしていたので、恥ずかしい思いもした。遠足に持って行く海苔がなかったのだろうが、柿の葉に包んだおにぎりを持たされたときは、悲しくて涙が出た。今思えば、奈良の名産「柿の葉寿司」である。牛乳バター鍋も当時としては、不思議な食べ物だった。私は、容姿を含め母の血を受け継いだと思っている。

㊤城見が丘の家の前で、近所の友達と
㊦一家五人で（1964 年）

三輪君との出会い

小学生のころは、親が東京から来たということで「よそ者」というレッテルを貼られていたと思う。低学年で印象深いのは、1959（昭和34）年の伊勢湾台風で被害を受けた海部郡の小学生が避難してきて、教科書を見せ合って授業を受けたことや、5年生の3学期だと思うが、転校生、三輪登志彦君と出会ったことである。三輪君は、お父さんが兵庫から転勤となり社宅に住んでおり、家から5キロメートルの距離を80分もかけて通学することになった。

その初日、私は、帰宅方向が一緒という事で、彼の家までついて行ってしまった。三輪君のご両親は大変喜んでくれた。その後、6年生も同じクラスだったので、互いの家を行き来していた。小学校を卒業後は進む道が異なり、三輪君は名古屋の有名私立中高一貫校に進学した。その後、名古屋大学へ進み、三菱電機に就職するという、エリートである。

　私は、地元の公立中学、名古屋の県立中村高等学校、名城大学へ進み、西春町（現・北名古屋市）の町工場（当社）に就職したのであるが、どういうわけか三輪君とはウマが合った。三輪君は三菱電機の稲沢製作所に勤務しており、互いの結婚式に友人として招待しあった。また互いの両親の葬儀にも駆けつけることができた。その後、三輪君は20年近く東京に単身赴任することになり、私が東京出張した時に一緒に杯を傾けていた。決して感情的にならず、いつも、まじめな議論を戦わせていた気がする。

　人との出会いは不思議なもので、小学生の1年間ほどしか一緒ではなかったのだが、55年もこんな関係が続いている。これもひとえに三輪君のおっとりとした性格と、高い見識のなせる業であろう。２０１７（平成29）年、やっと名古屋に戻ってきたのだが、体調を崩して退社したという。本当にお疲れさまでした。

さて、小学校時代でもう一つ記憶に残っているのは、学芸会で演劇「ジャンバルジャン」の僧侶役である。声が良く通るので選ばれたのだろうか。母が作ってくれた僧侶の帽子は、見たこともないもので、その時は不満を言っていたのだが、後になってそれが正しいものと分かった。

ここ数年小学校のクラス会が開催され参加している。稲沢西小学校の昭和39年卒6年D組クラス会である。男女ほぼ半々で合計12名ほどの参加で、思い出話と近況報告である。2年間クラス変えがないというのは結構よかったのかもしれない。また、幹事の服部泰久君には何から何まで準備してもらい大変感謝している。

なお、三輪登志彦君は、本書の発刊を待つことなく2019年5月29日に逝去されました。ご冥福をお祈りいたします。

学芸会で「ジャンバルジャン」の僧侶役に

充実していた中学時代

中学での部活動はバレーボール部（9人制）。背が低かったので後衛で、当時流行《はや》っていた回転レシーブをするため、体操着は泥だらけだった。いつも試合にはついていったが、最後まで補欠だった。

このころの大きなイベントは1964（昭和39）年の東京オリンピックと70（昭和45）年の大阪万博である。家族で出かけた大阪万博では月の石も見られず、北欧館で食べたスモークサーモンがおいしかったことしか記憶にない。後に、シカゴ科学産業博物館で月の石を間近で見たが、変哲のないただの石に過ぎなかった。

小学生から一緒だった太田光一君はアマチュア無線をやっており、私のその後に大きく影響を与えたのだった。太田君は、名古屋大学付属高等学校、名古屋大学へと進み、豊田合成に就職した。大学時代もアマチュア無線では常に先輩であり、いろいろと教えを乞うた。私が妻と知り合ったのも、彼の奥様とその友人の紹介であった。実質的な仲人という訳だ。太田君は現在、豊田合成のシニアアドバイザーである。青色LEDの事業に関わってきたので、2014(平成26)年ノーベル賞を受賞した赤崎勇博士、天野浩博士のストックホルムで行われた授賞式に招待されたそうだ。

私は中学3年生にキャラクターを変えたと言われていた。それまでは、まじめで、とっつきにくいタイプといわれていたが、同じクラスに優等生が多くいて、「勉強のベスト」の北川均君、「もてるのベスト」では太田光一君、そこで私は「笑いのベスト」と称し明るく振る舞ったのである。世渡り上手となっていくきっかけになったのかもしれない。

この時の担任はバレーボール部の顧問でもあった清水淳吉先生。どういう経緯かは忘れたが、先生の運転する車で、クラスの仲間と能登半島にキャンプに連れて行ってもらった。キャンプ用の焚き木を集めるのに、よその家の軒先から薪《まき》を失敬して、地元の人に大目玉をくらったとき、先生には一緒に謝ってもらった。17（平成29）年の同窓会でその話をしたら、鮮明に覚えておられた。

また、技術家庭科の塚本力男先生の指導で「達磨大師」を演ずることになり、主役を太田君が務めた。私は村人役だった。得意だった技術家庭科では、エンジンの分解や鋳物木型、文鎮の製作で、結構器用な面を見せていたように思う。私が作り、亡くなった母が使っていた文鎮に年号と自分のイニシャルの刻印を見つけ、懐かしく思い、再メッキをしたところ新品のようになった。この文鎮は今、妻が使っている。

「達磨大師」で村人役を演じる私

受験戦争

高校時代は受験戦争の真っただ中、それでも1、2年生は男女共学でそれなりに高校生活を謳歌《おうか》していたが、何か暗い雰囲気が漂っていた。

入学祝でサイクリング用自転車買ってもらったときはうれしくて、クラスメイトの小椋新一君と2人で伊勢の五ケ所湾、二見浦、津市内と3泊のサイクルキャンピング旅を楽しんだ。最近その道程を車でたどってみたが、1日目は150キロメートルにもなり、よくも走り切ったものだと思った。1年生では高校受験の反動で、勉強がおろそかになり、中学ではクラス上位であった成績も高校では急降下し、親が呼び出される始末だった。

クラブ活動では、中学時代から興味のあったアマチュア無線の関係で電研部に入ってみたものの、大学受験が重圧となり無線の免許を取ることもできず、中途半端なものだった。

3年生になると進路別クラス分けで、男ばかりの荒れたクラスになった。教室には窓から出入りするし、授業もまともに受けないといった状況で、何一つ良い思い出はない。夏休みなどは自主登校と称し、風通しを求めて廊下のロッカーの上に机を載せ、形ばかりの受験勉強をした。ともかく模試などの順位から入学可能性のある私立大学3校を受験したのである。その中で当時新設校の1校については入学辞退し、1校は不合格であったので、残った1校に入学を決めた。

ここ数年、愛知県からの依頼で「中小企業の社長と学生の交流会」に参加しているが、訪問した大学はまさに受験した3校であることに、何か運命的なものを感じている。

当時、東京大学安田講堂に全共闘が立てこもり、機動隊と衝突して以降、学生運動が地方の大学にも波及していった。母校も例外ではなく、校舎はバリケードでロックアウトされ、毎日その前ではアジ演説が行われていた。ノンポリだった私は、休講の張り紙を見ては、これは良い言い訳ができたとばかりに、勉強もせず、大学界隈を遊び歩いたり、アルバイトに精を出していた。

ロックアウトで定期試験が中止になったが、私は一発勝負の過年度追試験を受け続けるといった体たらくであった。この試験は学年が上がれば上がるほど合格率が下がる。揚げ句の果て、就職先候補の企業からは先に卒業見込みを求められ、講師からは就職先が内定していれば卒業見込みを出すという、「鶏が先か卵が先か」状態になり、留年になってしまった。それからは、試験の時だけ学校に行くだけでもっぱらアルバイトに専念する状態だった。結局、5年と2カ月かけて大学を卒業した。

サイクルキャンピング旅で訪れた伊勢・五十鈴トンネル前で

アマチュア無線

受験戦争で閉じ込められていたアマチュア無線への欲求は、大学に入って高まり、国家試験免許も取得してのめりこんでいった。当時、アマチュア無線を趣味にしている人は、医師や企業経営者、自営などのいわゆるお金持ちが多く、学生ではとても無線機を購入することなどできなかった。まして、海外との交信をするには高いアンテナが必要で、アンテナを建設する広い土地も要る。

後に、モービルといってタクシー無線機を改造して移動局となっていくのではあるが。ともかく、無線機は高級品だったため、中古品を買うのが精いっぱいだった。そこで使われる真空管1つにしても、東京・秋葉原まで行かないことには入手できなかった。

そこで無線の先輩の家に入り浸り、中古の真空管をもらうのである。197

1（昭和46）年、アンテナ用の鉄塔は自分で建てた。夏休みの炎天下、庭に1メートル角で深さ2メートルの穴をスコップで掘り、セメントをこねた。鉄塔部分は設計図を片手に父親の勤め先に頼み込んで溶接をしてもらい、建てるときは無線仲間がクレーン車で応援に来てくれた。

こうして1カ月後、高さ14メートルのアンテナを作りあげ、海外との通信が可能となった。アマチュア無線の先輩たちは若い私たちに寛容で、アルバイトも紹介してくれた。私は、地域クラブ（稲沢ハム倶楽部）の運営を任され、クラブ報の発行やイベントの運営に注力した。

このころは、ほとんどの無線局は無線機を車に搭載し活発な活動となっていった。イベントの中で人気のあったのがフォックスハンティングという競技で、隠れたキツネ役のメンバーの出す電波を受信器で見つける、という鬼ごっこのようなものである。電波の発信源を見つけるには、各自で指向性の強いアンテナを工夫したり、近くまで行くと電波の強さを弱めるアッテネータ（減衰器）を自作して参加してくる。今風に言えば盗聴器ハンターのようなものである。

また、ラリーや目的地でのバーベキュー大会など無線で会話しながらのドライブは、携帯電話やカーナビのない時代には格別楽しいものだった。

今では誰もがスマートフォンを持っていて、移動時のコミュニケーションが容易に行なえるが、当時は公衆電話しかない時代であり、無線の便利さは想像いただけると思う。ともかく、コミュニケーション能力がなければ成り立たない。このアマチュア無線の世界によって、身内ではない大人との付き合い方を学び、その後の社交性が鍛えられたといっても過言ではない。

アマチュア無線フォックスハンティングの表彰式で

アルバイト遍歴

我が家は戦後、親戚が身を寄せて大家族となっていたため、母はいつもお金がない、やりくりが大変だと言っていた。そのため、自然に自分の欲しいものは親に頼らず、アルバイトで稼いで調達した。

最初にバイトをしたのは高校卒業間際で、名古屋市の製陶会社であった。バレル研磨用の砥石を作る工程で、粘土状の砥石をエクストルーダ（押出機）で整形するものだった。おかげで、後に海外のペットフードメーカーの工場で同じような機械に遭遇した時も、すぐに仕組みを理解できた。

その後は、化粧品問屋でデパートへの納品や新聞配達も。急な代役を頼まれることもあり、家庭教師や中日球場でスコアボード係もやった。中日球場ではボールボーイが来ないというので、サイズの合わないユニフォームを着せられグラウンドに出たこともあった。

アマチュア無線の仲間は、いろいろなアルバイトを世話してくれた。電話の中継局では継電器の配線を行っていたので、ワイヤーラッピング（電線を端子に巻き付ける）配線や結束（電線の束をロウ引きの糸で束ねる）作業は後の仕事に役立った。テレビ修理の仕事では、家庭を訪問しトランジスタの交換や、テレビアンテナの設置を行っていた。

バイトで一番きつかったのは、建設現場でコンクリートの型枠を撤去する「バラシ」という仕事だった。天井の型枠を外すときは、サポート柱を限界まで取り除いていき、窓の外から1本のサポート柱を投げ入れ、将棋倒しのように倒して型枠を落とす。一歩間違えば下敷きになる危険なものだった。そのあとは、柱と型枠を窓から外に投げ落とすという乱暴なものだった。

最も長く続けたのは、化粧品店向けの月刊誌の配達であった。これは二人一組で同級生の小崎悟君とペアを組んだ。名古屋市と尾張地区のルート配達であったが、化粧品店の多くは商店街や地下街にあって駐車場がないので、一人が近くで待機することになる。おかげで、名古屋市などの道路には大変詳しくなった。お歳暮とお中元の配達は、前日に伝票と品物を受け取り、夜、自宅で住宅地図を頼りにルートを作るのだが、住所から一軒一軒の位置を探し当てるのは大変だった。

あるとき、あまりに疲れていて翌日のルートを作らずに寝てしまった。翌朝目を覚ますと、姉がルート通りに伝票を並べて渡してくれた。このときのことは今でも鮮明に覚えている。ありがたかった。アルバイトの経験は、その後の仕事上のさまざまな場面で、大いに役立っている。

最もきつかったバイトは建設現場での「バラシ」

マイカー遍歴

誰しも、初めて買ったマイカーには思い出があると思う。私も18歳で運転免許を取ると、知り合いから中古のホンダN360を譲ってもらった。この車は4サイクル空冷2気筒のエンジンで、バルブタイミングの駆動はチェーンだった。ノンシンクロトランスミッション(回転速度同期機構を持たない変速機)で、力任せにシフトレバーを操作するものだった。

この車での思い出は、アマチュア無線の仲間の長橋逸彦君と京都に行ったこと。雪の国道21号線をタイヤチェーンもなく走ったが、関ヶ原を越えたあたりは、大型トラックの轍《わだち》を頼りに必死の思いだった。ホンダN360はバルブタイミングチェーンが伸びてアルミ製のクランクケースを叩き、穴が開いてしまい廃車となった。

大学2年生になって車通学するようになったので、2台目として中古のマツダキャロル360を買った。この車は4サイクル水冷4気筒でエンジンが後部に設置されたR・Rであり4ドア、冷却ラジエーターは電動ファン付きだった。この車では、東名高速で東京・秋葉原へ、アマチュア無線に使う、米軍払い下げの真空管を買いに行った。

次に、アルバイトで稼いで、いよいよ普通車の三菱コルト1500の中古を手に入れた。入社後は残業手当が多く、独身貴族だったので、新車の日産ローレルを買った。翌年には色違いを買い替えた。その後、家族も増えたので日産プレーリーを購入し、休日には各地のオートキャンプ場を回った。プレーリーは7人乗りで父母も一緒に旅行することができた。

プレーリーも2台目に買い替えたころ、子供たちがもう一緒に行動しなくなったので、セダンの日産シルフィに変えた。これも2台目に替えたところで、世の中にハイブリッド車が出てきた。

ずっと日産車ばかりに乗ってきたが、トヨタのハイブリッドシステムに興味を持った。プリウスに採用した遊星歯車を使った「動力分割機構」から発展させたＴＨＳⅡは、エンジンやモーターなどの駆動系とバッテリーやインバーターなどの電源系を統合したシステムである。その要はエンジンとモーターの駆動力を走行条件によって使い分ける「動力分割機構」で、これを採用しているハイブリッドのトヨタＳＡＩを買った。

燃費が良いので満足はしていたが、この度の社長退任を機に、「いつかはクラウン」の言葉通り、クラウンアスリートのハイブリッドに替えた。実際に知多半島往復１５０キロメートルで21キロメートル／リットルは、なかなかの性能である。

初めての新車、日産ローレルと自宅前で

ゼネラルパッカー入社

大学を卒業した1975（昭和50）年は大変な就職難で、就職先は学校からの紹介や縁故がなければ難しいとされていた。ましてや留年もしており、せっぱつまっていた。研究室の杉下潤二先生に四日市にある鍛造メーカーを紹介してもらい、面接に出かけた。

自宅から車で1時間以上かかるところで、面接の後、工場を見せてもらった。真っ赤に焼けた鉄の塊を何度もプレスして成形し鍛える工程は、暑くて騒音がひどく床は黒く砂っぽい典型的な3Kの職場だった。

数日の間どうしようかと迷っていると、父から自分が役員をしている会社に入らないかと誘われた。だが、親の七光りといわれるのが嫌で断った。父は「それなら、取引先に食品関係の機械を造っている会社が近くにある。どうだ？

食品関係だから不況に強いぞ」と勧めるのである。

ここで私は、「究極の打算」をした。下見をした会社、つまり当社は家から10分ぐらいにあり、典型的な町工場で大きく成長するとはとても思えなかった。しかし、通勤時間は短く、四日市と比べると1日2時間の差がある。これは1カ月50時間の残業に相当する。当時は今と違って、残業で稼ぐのが当たり前だったので、今の初任給で換算すると7、8万円は多く稼ぐことができると考えた。表向きは、勉強の時間や本が読めるなどと言い繕《つくろ》っていたが、単にお金への打算に過ぎなかったのである。これが正直な入社動機である。面接では当時の高野壽社長と鈴木登紀夫常務にお会いして、その場で決定した。

こんな不純な動機で入社した会社は、スレート葺《ぶ》きの工場にプレハブの事務所をくっつけたものだった。工場内は水銀灯が吊るされている少し暗い環境で、夏は天井に設置された換気扇と工場用扇風機だけが頼りで、工場内は40度を超える暑さ、たまらず作業服（上着）を脱いでアンダーシャツで作業をしたこともあった。冬はドラム缶の中に灯油バーナーを入れたストーブで手を温めながらの作業だった。

このころ高野社長は「空調の効いた工場で仕事が出来たらいいな」と言っていたのだが、その夢は私が入社した数年後に、かつお節のミニパック用包装機の大ヒットによって実現する。空調のある工場が建設されたのだ。

新入社員となった私は、現場の職人さんや工業高校出身の先輩たちに教えてもらいながら、ペンキ塗り、工作機械の操作や溶接など金属加工の初歩となる作業を与えられるのだが、何一つ満足に出来なかったのである。

ゼネラルパッカーの旧社屋

無力感からの脱却

新入社員として入社してから、変なプライドがあったのだろうか。製造現場でネクタイをしていたものだから、先輩の職人さんから、「ネクタイなんかしやがって」、「大学を出てもそんなことも分からないのか」と嫌味を言われた。大声で怒鳴りつけられるうちはまだましで、ハンマーが飛んでくる始末だった。

この時頭に浮かんだのは大学の実習の先生のこんな言葉だった。「君たちは、ワーカーになるために学んでいるのではない。理論的指導者になるためであることを忘れるな」――。ともかく、先輩の言うことに疑問を持ち、他の方法はないかと試行錯誤をした。

私は、大学では機械工学を学んだのだが、ちょうど会社に電気技術者がいなかったので、趣味を生かし、電気担当として独自の世界をつくっていけたのである。よく大学を出たての若造に任せたものだと思う。当時の経営陣の寛容さなのか、好景気に支えられてうまくいったのである。ともかく他にわかる人は少なかったので、会社にお金を出してもらい、専門書を買い集め、見よう見まねで制御盤の設計や回路設計を行っていた。

入社1年目の1975（昭和50）年、削り節業界への窒素ガス置換包装機の参入は当社の飛躍の原点であった。

削ったかつお節は短時間で風味が損なわれていく。そこで削った後、袋にいれて封をしないで一旦アルミ製のチャンバー（真空にする空間＝小さな部屋）に入れて真空にし、そこに窒素ガスを吹き込み、チャンバー内で封をすることで削りたての風味を保つのが窒素ガス置換包装機である。この全自動の包装機GP－VG50型を四国の大手削り節メーカー数社に納入するため、現場社員は全員長期出張していた。

私は三重県の協力工場に出向し、電気工事や出荷検査を受け持っていた。現地で問題が起きれば出荷前に問題を解決するため奔走していたのである。特に、アルミ鋳造製の真空チャンバーの気密性能を真空測定器で検査し、もっぱらパッキンの不具合を見ていた。あるとき、現場から残存酸素率が下がらないというクレームが来たので、このチャンバーの表面にせっけん液を塗り、空気圧をかけてアルミ鋳物の巣(微細な穴)を発見したのである。これ以降チャンバーは協力工場で水中気密試験を経て納品された。

このころ早朝に自宅を出て夜遅く自宅に戻る直行直帰の勤務で、休日はなく残業時間は今では過労死を越えている1カ月200時間超が数カ月も続いた。体はしんどかったが気持ち的には充実した時期だった気がする。

VG50 型ミニパック包装機

窒素ガス置換技術

保存食としてのかつお節は、だしの食材としてあらかじめ削っておくと手間と時間を省くことができるが、削ったかつお節は酸化によって短時間で風味が損なわれていく。当時、酸素を絶つためには真空包装が一般的であったのだが、削り節を真空包装してしまうと、開封してもふんわり感は戻らない。当社は以前から削り節の包装では実績があった。

あの花びらのようなボリュームのある削り節を筒状の袋などに充塡《じゅうてん》する技術は、特殊形状のジョーゴと呼ぶノズルと押し込み杵の組み合わせで行うのである。そこで最初にこの窒素ガス置換包装機の開発のチャンスを得たのである。真空チャンバー内で真空にした後に窒素ガスを封入し、袋の体積が変化することのないようにするのである。これによりかつお節削りが7カ月以上も風味や色合いを保ち、業界に一大センセーションを巻き起こした。

最初に販売したチャンバー式窒素ガス置換包装機の欠点は、包装機1台ごとに大型の真空ポンプが必要なことだった。高真空を得るためには油を使う油回転式真空ポンプが用いられた。高温のオイルミストを排出し、騒音や振動も並大抵ではなかった。この真空ポンプが何十台も並ぶので、客先の作業環境は最悪であった。

もう一点は、削り節の入った小袋をチャンバー内に滑り落とす構造だったため、袋が傾いて熱シールされてしまう点である。これらを解決するため、協力関係にあったガス販売会社の研究所から、まったく新しくオープンガスフラッシュ法という窒素ガス置換方法が提案され、早速二つのロータリーテーブルを持った新しい機械が開発された。

これは、一つ目のロータリーテーブルで削り節を袋に詰めた後、袋にガスノズルを差し込んだまま仮の熱シールを行い、二つ目のロータリーテーブルに受け渡す。続いてノズル先端から窒素ガスを吹き入れながら進み、袋の中の酸素を窒素ガスの対流を利用し追い出してしまうことでガス置換（残存酸素を極限まで減らすこと）を行うものである。セールストークは「チャンバーよ、さようなら」というものだった。これにより、数年前に導入いただいた包装機の入れ替えという需要が生まれたのである。

その後、この技術は削り節にとどまらず、とろろ昆布やバターピーナッツをはじめとする、酸化を嫌うお菓子や食品の包装に採用されていった。最近当社の急激な海外進出の原動力となっている高級ペットフード業界への参入も、この窒素ガス置換技術が評価されてのことである。

GS3H 型ミニパック包装機

好景気の開発ラッシュ

1965（昭和40）年から70（昭和45）年は、いわゆる「いざなぎ景気」だったが、包装機械業界は社会の景気よりも数年遅れてくることが多かった。当社も削り節の窒素ガス置換包装機のヒットの後、新しい分野からの依頼を受けて開発した機種が多くなってきた。

米業界では産地精米といって、米どころの大型精米工場や大規模米問屋などでは、10キログラムのポリチューブ袋に高速で包装するという需要があった。そこで当社も76（昭和51）年にGP－R2型を開発した。特筆すべきは、それまで袋の内容量をはかる計量機と袋に詰める包装機とは別のメーカーが製作しており、計量・包装一体という全く未知の世界に飛び込んだことである。

米の10キロを高速ではかるために、2組の計量装置を交互に運転するもので、天秤《てんびん》の片側に10キロの分銅、反対側に受け箱を設けた。米を満たした一個の円筒に回転する仕切りを設け、一定容積の米を受け箱に交互に供給する。その後不足分を細い筒から少しずつ追加し、天秤が動き出す瞬間を近接スイッチで検出し、米の追加を停止して受け箱の底を開き、袋へと投入するのである。検定された秤《はかり》ではないので、ボリューム検量機と呼んでいたが実質精度は基準を満たしていた。私はこの機械の制御を手探りで開発したのだった。

この時期には、窒素ガス置換包装機のシリーズ化や、納入実績1000台を超える主力汎用給袋自動包装機GP－Y2型の後継機としてGP－500型、80（昭和55）年には、デザイン面での指導を受けたGP－1000型の開発と続いて行った。

このころ私は、もっぱら新規開発機の制御を一人で受け持っており、機械設計の先輩たちからは、「機械の設計は終わったから、あとはまかせた」と放り投げられたのである。機械の動きを聞き取りながら、回路を設計するのだが、残された時間は少なくなっていた。また、つねに制御盤の設置スペースが不足していたが、何とか小さくしろと無理難題を押し付けられた。さらに配線用の穴も考慮されていなくて、自分で機械に追加穴を開けなければならなかった。

配線工事も組み付け作業の終わった後に「明日の朝までに終わっておけ」の一言だけ。理不尽な話ではあったが、結局できなければ皆が困るのはわかっていたし、私が必要なのだろうと優越感に浸っていた。このころの反省で、後に開発部次長兼技術部次長になったときには、機械の開発設計の段階から口を出すことにした。

R2 型米包装機のパンフレット

時代は電気から電子へ

１９７０（昭和45）年ころ、通信機器などが真空管から半導体（ダイオードやトランジスタ）に代わり、携帯ラジオなども普及したころである。包装機械の電気制御は、それまで電磁石を組み込んだ機械式接点の電磁接触器や小型のリレーで行われていた。

私が入社して間もないころ、大手調味料メーカーから、高速小袋製袋充填包装機の引き合いがあり、空《から》の袋や不良品を機械内で自動的に排出する機能を求められた。毎分１３５袋の高速機ＧＰ－Ｃ４型である。この制御では機械式接点の制御では間に合わないので、当時オムロンから発売されていたシーケンスコントローラＳＹＳＭＡＣ－３を採用した。

初めてのプログラムは、それまで回路図として使っていた上から順に動作をはしご状に記述するラダーシンボル式とは異なり、論理回路に使われる分岐ごとにYES・NOを判別するフローチャート式であった。現在多くの機械制御に使われているPLC（プログラマブル・ロジック・コントローラ）のように、専用の入力装置やパソコンのキーボードから入力するのではなく、プログラムを11個のスナップスイッチのON－OFFだけで1ステップずつ入力するものだった。24個のLEDの点滅をみて、番地、命令、出力先を読み取るのだ。

全く新しい技術に触れて感動したとともに、最先端の機器を使えることが大きな自信となった。その後は、電気技術者になじみのあるラダーシンボル式のPLCが主流となり、パソコンによるグラフィックな表示で入力している。

82（昭和57）年ころ、私は趣味としてNECのPC－6001というパソコンを買った。1本だけ市販のプログラム「宇宙輸送船ノストロモ」を購入した。プログラムはベーシック言語で記述するもので、使えるのはキーボードにある数字や文字、記号のみで、雑誌などに載っていたゲームを1文字ずつ入力していく。

保存するにはファックス送信時に聞こえるあの「ピーヒョロヒョロー」という信号音をカセットテープに録音するのである。これには数十分から1時間ほど要するため、保存中の一瞬の停電によってそれまで入力したものが全てやり直しなどという事が度々だった。家のブレーカーが落ちないように家族がヘアドライヤーなどを使わない深夜に入力していた。このころ学んだベーシック言語はその後の仕事上、大いに役立ったのである。

㊤ SYSMAC カタログ
㊦宇宙輸送船ノストロモ写真

空調の効いた新社屋

1977（昭和52）年、削り節包装機の大ヒットのおかげで会社は儲かって新社屋が建設できることになった。新社屋は旧社屋の南側に入手していた土地に、鉄骨2階建ての工場兼事務所として建設された。高野社長が言っていた通り、空調が効いた快適な働く環境となった。また、それまで重い機械をチェーンブロックだけで移動させていたのが、2基の走行クレーンの設置で作業効率が向上した。

当時、従業員が着替えや休憩するスペースはプレハブのロッカー室しかなかったが、食堂や複数の応接室もつくられた。工場の床は、当時としては珍しい特殊カラーセメントで、天井も吸音ボード張りとし、水銀灯が埋め込まれ、食品工場のように明るくきれいだった。特に建物のデザインには凝っていて、工場入口シャッター脇のガラス製ブロック壁はドイツ製の特注品だった。後に、交通事故で車が飛び込み、その修理に再びドイツから同じものを取り寄せることになったが、費用は大変なもので、運転者の会社も困ったことだろう。

工場の2階は営業、資材、設計、総務などの事務所と食堂、応接室であった。旧社屋では、営業や資材、設計のあった場所はプレハブではあったが、空調が効いていた。私は製造課の所属だったこともあり、空調のない薄暗い工場の片隅に古い木の机を置き電気設計を行っていたので、新社屋の設計室に自分用のドラフター（製図台）やスチール机などを買ってもらい、その喜びは格別であった。

このころ、高野社長の取材記事が新聞に掲載（73（昭和48）年）されたものを見せてもらった。感銘したのは次の言葉だった。

「うちの社員はよそには絶対仕事に関して負けない。徹底した能力本位、実力主義です。社長より給料が高くても一向に構わない。能力があるものが会社を引き継いでいくのが当然であって、血縁関係など一切無視しています。私や専務は将来の基礎固めの人間なのです」「私の経営のポイントは社員の夢というかプライドを持って働ける企業体にすることです。たとえ小さくてもいいから海外に知られる企業にしたい。働く情熱を持った者が、最大限に能力を発揮でき、その能力を正しく評価することが大切です」と。

いま読み返しても、50歳の若さで高い志を持った立派な経営者だったと思う。創業社長の志の大半は実践され実現されてきたと同時に、私が社長になってからも肝に銘じたことであり、今後も引き継がれていくものと信じている。

1997 年に完成した新社屋

包装学校に入学

1980（昭和55）年、社団法人日本包装機械工業会（当時）の運営する第7期包装学校に行かせてもらえることになった。入校条件は5年以上の実務経験と上司の推薦というものであり、私はちょうど入社5年目で若手の技術者として推薦してもらった。6月に開校式があり、修了式は翌年3月で10カ月間、ひと月に2日間の講義である。

包装学校では、包装機械設計技術専門課程を受講したのだが、包装機械に関わるさまざまな分野の学識経験者や、包装機メーカーの技術者などの講師から、基礎知識やケーススタディを学んだ。私は大阪会場で受講したが、第1回目だけは当時、愛知県の研修センターだった三河ハイツに東京・大阪会場の受講生全員が集まり、開校式とオリエンテーション（グループディスカッション）を行い、翌日、成果発表を行った。ライバルや同業他社の見ず知らずの人たちとコミュニケーションを取ることに緊張もした。

いくつかの課題の中から、「ホテルの客室を無人で清掃とベッドメイキングを行うシステムを考案せよ」というものを選んだ。もともと正解がないことは解っていたものの、適当にとは考えなくて、侃々諤々《かんかんがくがく》の議論を夜通し行い、寝たのは午前3時過ぎだった。翌朝は、朝食も早々に階段教室において、チーム(同室)ごとに発表していくのである。

私たちのチームは、「ホテルの部屋を横断貫通するレールを天井裏に設置し、ロボットが各部屋を移動し上部からハンドによって清掃や、ベッドメイクをするもの」というもので、新しい寝具や回収したものもこのレール上を移動する。今思えば、稚拙なアイデアではあるが当時はロボットそのものが一般的ではなく、これでも最先端を気取っていたのである。オーバーヘッドプロジェクターで発表するには、それらしい構造を示した絵図面が必要で、この部分は私が担当した。

包装学校の歴代のオリエンテーションで発表されたアイデアは、時を経て実際に採用されていく事例が多くあった。ゆで卵の殻をむく方法や、生きたフグを刺身（てっさ）にする装置などは、形を変えてはいるが実用化されている。

包装学校に行ったメリットは、単に専門知識の習得だけでなく、答えを導き出すプロセスや物事の考え方を学んだことにある。

そのうえ、一緒に学んだ異業種や同業他社の仲間との人脈ができたことである。また、後に工業会の様々な事業に関わることになったのも包装学校の縁である。

㊤包装学校が開催された三河ハイツ
㊦階段教室発表風景

初めての米国視察

包装学校を修了した翌年の1982（昭和57）年、世界三大包装機械展の一つであるＰＡＣＫ ＥＸＰＯ82'（シカゴパック）が開催された。この展示会は2年に一度シカゴのマコーミックプレイスという会場で開かれる包装機械の国際見本市である。日本包装機械工業会は第23次米国市場視察団を企画し、会員から参加者を募集していた。当時、当社の中では海外の展示会参加はご褒美的な意味合いがあり、課長級以上を派遣していた。私は当社の参加者の中でただ一人の平社員で、「えこひいき」などと言われた。

旅程はシカゴの展示会視察3日間を含め、13日間。訪問都市5都市で費用は65万円であった。成田を出発し、シカゴ・オヘア国際空港でいったん入国審査を済ませ、同じ飛行機でニューヨークに到着した。翌日はジョンソン＆ジョンソンの工場を訪問。その翌日には市内観光で、エンパイヤステートビルや国連本部などを見学した。

ワシントンDCへの移動は、超人気のニューヨークエアーという航空会社だった。この飛行機はCAが離陸後にバニーガールに変身し、アルコールを提供するというものだった。ワシントンではホワイトハウス、国会議事堂、リンカーン記念館などを見学し、アーリントン墓地ではJ・Fケネディの墓石にも触れた。

さてシカゴに戻って展示会を見学するのだが、その巨大さに圧倒された。世界各国から600社が出展し、3500台の最新鋭の包装機を出品して、技術を競い合っていた。会場に敷き詰められた分厚いじゅうたんにも驚いた。当時の感想文を読み返すと、「座る場所が全くないので一日中歩きっぱなしだったが、通路に座り込んでいるのは日本人ばかりで、欧米人との体力の差を感じた」

とある。展示会後はロサンゼルスに移動し、ロディオドライブやサンタモニカ海岸などに立ち寄った。

最後の都市はあこがれのハワイ・ホノルルだった。残念ながら雨季に入っており、雨が降る海岸には誰もいなかった。旅行中の食事には失望したのだった。肉料理が多いのは当然であるが、その硬さと大きさには辟易《へきえき》したのである。まして甘いサワークリームなどがついてくるものだから「醤油はないか」の声。

現在は肉の質が向上しシカゴの肉は最高と言わせるほど旨いし、醤油もあたりまえにある。その後、当社は節約ムードとなり、こうした観光をセットにした長期視察はこれが最後で、展示会視察、調査に特化したものに変化していった。

ホワイトハウスで

製図の革命ＣＡＤ導入

１９８４（昭和59）年ころ、当社の営業は、包装機の受注をするために、まともなカタログを製作していなかった。そのため１千万円以上もする機械に見合った提出物として、大きなＡ１サイズの図面を客先に提出して商談をすすめていた。それまでは、青焼きと言ってトレッシングペーパーに鉛筆で図面を書き、これを紫外線感光紙と重ねて露光し、アンモニアガスで現像させるものだった。

私は、電気設計ばかりでなく、客先提出用の外観図も製図していた。客先ごとに異なる図面を流用するため第二原図を作成し、修正液を使って変更部分を消した後、上書きする。大変な手間がかかる割に見栄えの悪い図面になるので何とかしたいと思っていた。

その後、ゼロックス社がＡ１サイズの大型の普通紙コピー機（２０９０）を発売していたが、１３００万円と高額だったので中古品を購入した。しかし、第二原図を作成後に修正液で消すという図面修正の仕方は基本的に変わらず、大量の消しゴム屑が散乱した。

87（昭和62）年ころ、日立製作所はＧＭＭ-45というパーソナルＣＡＤ（コンピューター支援設計システム）を発売していたので、何回かのデモ試用の後、購入を上申したのである。これは、パソコンをベースに、設計や製図を行うもので、デジタイザと呼ぶ磁気カーソルによってシンボルシートの位置を選択する入力方式で、キーボードに不慣れな設計者にも受け入れやすいというものだった。

私は制御盤や回路設計もＣＡＤで行っており、占有使用していたのである。出力機器では、初期はＡ２サイズのペン書きプロッターで、次にＡ１サイズが使えるプロッターに変えていった。今ではＡ０サイズのデジタルプロッター複合機で出力している。

ＣＡＤ図の需要が急速に増えたので、上位機種へと台数を増やし、操作できる設計者を増やしていった。その後、パソコンの普及とともにソフトだけを購入すればよくなり、一人一台のＣＡＤを持ち、パソコン間をネットワークで接続し、出力機器の共有が可能となった。

設計におけるＣＡＤの必要性を上司に訴え続け、機器導入の稟申や手続きはもっぱら私の役目だった。同業他社に後れをとり、機械設計の先輩の抵抗はあったものの、私が開発次長兼設計次長となったときに、すべてのドラフターを撤去しＣＡＤ設計のみにしたのである。社長になってからは３Ｄ－ＣＡＤの導入を指示してはいたが、全面変更までの進捗は遅く憂慮している。

旧会社案内の設計風景

バブル絶頂期

世の中がバブル絶頂期のころ、当社もさまざまな分野から開発依頼をうけていた。漬物用の包装機やエノキタケ専用の包装機をはじめ、ＬＬ（ロングライフ）麺の包装ラインなど、複数の受注で繁忙を極めていた。特にＬＬ麺の包装ラインは６台の製袋自動包装機を並べて、茹《ゆ》で機ラインとの同期運転と整列搬送を行うため、試運転時には本社工場を占有する事態だった。

このラインはＬＬ麺の生地づくりから、茹で機までが連続の工程のため、包装機がトラブルで停止してしまうと大変な量の麺を廃棄しなければならず、途中停止ができない。包装機の信頼性が求められた。

私は、同期運転と整列搬送システムの機械設計と制御設計を同時に任されていたのだが、柔らかい茹で麺の袋詰め製品はハンドリングが難しく、反転整列装置で何度も失敗を繰り返して何とか納品したのである。

これらの組み立てや部品倉庫の増設のため、それまで本社工場だった場所に北館を建設することになり、1989（平成元）年竣工《しゅんこう》した。

この北館は4階建てで、1階は高い天井の組立用、2階、3階は部品の倉庫にするため乗用エレベータ2基と2・5トンの大型エレベータが設置された。その後は、設計や開発のメンバーが増えたこともあり、3階に設計室、4階に開発室という配置になった。

本社新社屋の竣工時には、特に竣工式は行わず、鋳鉄製の馬の置物を社員に配ったのみであったが、北館の竣工式では4階フロアに関連業界トップや協力会社、建築関係者などを招待し、ホテルからのケータリングによって、竣工披露宴を盛大に開催した。披露宴終了後は、社員全員で内輪の祝賀会も行われた。

私にとって初めてのことで、裏方として緊張しつつも晴れがましい思い出である。北館の組み立て場所は広くなかったので、近隣の倉庫を借用し、クレーンや空調を施して、ともかくこの難局を乗り切ったのである。この東第一工場とその後に借用した東第二工場は、2007（平成19）年に東工場が建設されると返却された。19（平成31）年になって繁忙を極め、近隣に倉庫兼工場を新設することになった。返却した2つの工場があったらと、先見性のなさに悔いるばかりだ。

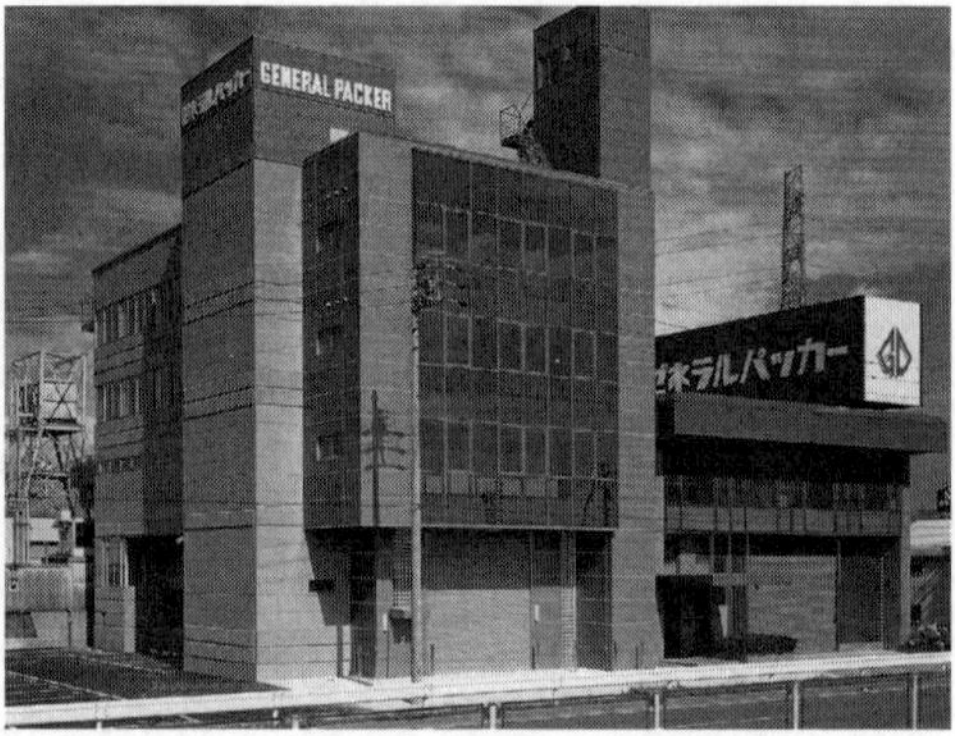

1989年に完成した北館

初めてのインターパック

1990（平成2）年、シカゴに次いで2回目となる海外展示会に行けるチャンスをもらった。展示会は3年に1回、ドイツ・デュッセルドルフの見本市会場で開催される包装機械展「インターパック」で、世界一の規模を誇る。

当時の会場は17棟（現在は増築し19棟になっている）もあり、見学するには最低3日間は必要であった。当社では前回の展示会で出品した包装機が市場ニーズに合わず持ち帰ったことを踏まえて、世界市場の動向を調査する目的で、日本包装機械工業会が企画する「第39次欧州包装市場視察団」に参加した。

視察団は3日間の展示会場見学を含み、チューリッヒ、マドリッド、パリなどをめぐる13日間の旅程であったが、当社では「物見遊山ではない」という姿勢から、チューリッヒで離脱し8日間になったのである。今と違って、直行便ではなく、深夜アンカレッジで全員降ろされ、燃料補給後にドイツ・フランクフルトに向かった。

海外の展示会場はシカゴで驚いたのだが、さらにその上を行く規模であった。世界をリードしてきたドイツの包装機械メーカーの大型の機械を見るにつけ、日本の技術の未熟さを感じた。展示場で機械をのぞき込んでいるとドイツ語でまくしたてられた。言葉はわからなかったが雰囲気で「日本人には見せない」と言っているようである。

いつかここにもう一度自社の包装機を出品する日が来るだろうか、と自問しつつ意欲的に会場を見て回った。文化の違いだろうが、高能力で大量生産に向く包装機と家内工業で使われるような小型機が主流で、日本のような中規模な生産に向いた、小型で高速でサイズチェンジが簡単といった機械はなかった。

展示会見学の後は、いったんバスでケルンまで行き、そこからライン川沿いにスイス・バーゼルへ列車で向かい、バスに乗り換えてチューリッヒへ。翌日は、ミグロ社の工場を見学し、ルッツェルン、ピラタス山観光であった。ヨーロッパの雄大な景色を堪能して、視察団と別れ、成田直行便で帰った。

以来、２０１７（平成29）年まで、間が空いてはいるが計6回インターパックを見学している。高野社長のリベンジとなる包装機の出品は、30年の時を経て、17年にやっと達成した。私としては「高野社長、約束は果たしましたよ」という思いである。もう一方のシカゴパックは、１９８２（昭和57）年以来、２０１６（平成28）年までで7回見学している。近年は、継続して見学することで、世界の包装機の変化や技術の方向性を見届けている。

スイス・バーゼル駅で

包装学校の企画運営委員と講師に

１９９１（平成３）年、日本包装機械工業会事務局から、高野社長宛てに企画運営委員会へ私を派遣して欲しいと依頼があった。

それまで、私は包装学校修了後、工業会から様々な調査研究委員会への参加を求められており、高野社長からは「梅森君、忙しいだろうが○○委員会に行ってくれないだろうか」と打診を受けた。私としては、多忙極まる中ではあったが、社長から頼まれた以上、「お断りします」とは言えず、「今回限りですよ」と答えていた。これが悪夢の始まりであった。

次から次へと委員会への出席依頼が増えていくのである。そのうちに、包装学校の修了生だからと企画運営委員会の委員も引き受けることになってしまった。以降、毎年、開校式でのセレモニーとオリエンテーションでの指導、修了式では学校長代理。パネルディスカッションのコーディネーター、カリキュラム編成、資格試験の審査などを行ってきた。

包装学校の受講生は若く、仕事に自信を持ち始めたころで、目はキラキラと輝いていた。彼らの意見や物事の見方に触れることで、私自身もその時代にさらされて成長していけたと思う。

その後、包装学校企画運営副委員長、委員長と中心的役割を務め、現在は顧問・企画運営委員である。

93（平成5）年には、第6期目以降、企画運営委員長をされ、包装学校の発展に寄与された日本計測工業の酒向淳社長（電気関係講師）が入院先から「後は頼んだよ」と遺言めいた言葉を残したので、講義を持つことになった。

このことで、新しいテキストの執筆も必要となり、会社の費用で専門書を片っ端から買い込んだのである。通常業務中は忙しくて会社ではできないので、休日と深夜に自宅で執筆したのだった。講義のほうは「電子回路（1）、（2）」という講座で、内容は包装機械技術者に必要な電子・電気の基礎というもので、高校レベルの物理学の電気と、包装機に使われている半導体や電気機器の解説と、PLCの方式や回路の実例などである。

この時作成したテキストは、講師が何人か変わったものの、現在も引き継がれている。社長になったばかりの時には、心の余裕がないという理由で包装学校関連から引退させてもらったが、その後復帰し、企画運営委員と講義「包装機械の将来展望と期待される包装人」を受け持っている。

講義風景（2019 年）

ヘビースモーカーの禁煙

ここで少し話は変わるが、私がたばこを吸い始めたのは20歳になってからだった。周囲は18歳過ぎから吸っていたようで、たばこを吸うことがかっこいい時代だった。

はじめは「ショートホープ」の10本入りだったが、その後「チェリー」、「セブンスター」、「峰」へと変えていった。大学生時代はパイプたばこにハマリ、「ロックン・チェア」を吸って格好をつけていた。会社に入ってからは徐々に本数が増えていき、設計室では、火をつけて灰皿に置いたまま、次のたばこに火をつけるありさまで、灰皿が吸殻で山のようになっていた。1日に3箱（60本）を吸っていたのである。

当時（43歳ごろ）は忙しさに加え、不規則な生活とストレスで胃潰瘍と診断され、担当医師は「まさか、たばこは吸っていないだろうな」と、当たり前のように聞いてくるので、「はい」と答えてしまった。ここから、医師に言った以上意地でもやめようと決心し、それからは、あめが引き出し一杯にストックされた。どのくらいであめが不要になったのか覚えていないが、ともかく禁煙が出来たのである。

今では、人の吸っているたばこの煙も気になり、愛煙家を批難している。昔の私を知っている人からは、「ヘビースモーカーが良く言うよ」と言われる。今思えば、たばこ代にいくら使ってきたのだろう。大学生時代は1日に1箱を3年間、入社後はだんだん増えていったので2．5箱を20年間とすると合計は概ね250万円である。あの時代に戻れるものなら、たばこなど吸い始めなければよかったとつくづく後悔する。

担当医師は適量の酒は良いと勧めるので、それまでほとんど飲まなかったお酒を、飲み始めた。米国視察に行ったとき、とても軽いビールも経験したので、アルコール度数が低いと思い込み、バドワイザーの250ミリリットル缶を買い込むと、1本飲めるようになった。慣れとは恐ろしいもので、今では生ビールの中を2杯とハイボール4杯ぐらいなら顔色一つ変わらない。

一方、胃潰瘍だが、1994（平成6）年に包装学校開講20周年記念式典が、東京・機械振興会館で開催され、「包装学校20年の歩み」を企画運営委員代表として披露した。この時は、開式直前から緊張し、胃に穴が開くのが自分で分かった。

その後、胃潰瘍はできたり治ったりの繰り返しで、健康診断では胃潰瘍の跡があると要精密検査とされてしまうが、胃カメラを飲むと医師の答えは決まって、「ああ、治っていますね」である。

大学の研究室でパイプたばこをくゆらす私

トロイカ体制の崩壊

当社は名古屋市から西春日井郡西春町に移転してきたが、そのころから20年間、技術、営業、総務の各部門を高野壽社長、原淳専務、鈴木登紀夫常務がそれぞれ所管するトロイカ体制とでもいえる集団指導体制であった。各部門に責任を持つことで、互いにけん制も働き、バランスの良い経営だったようだ。

しかし、1987（昭和62）年に世界最大の包装機の展示会であるインターパック（ドイツ・デュッセルドルフ）に、初めて大袋給袋自動包装機GP－1500E型を出品したことに端を発し、このバランスが崩れたのである。高野社長は世界に通用する包装機をドイツの展示会に持っていくことに意欲を燃やしていた。

楕円ギヤを組み合わせた疑似間欠運動のロータリー包装機は、高能力で大袋を包装する自慢の給袋自動包装機だったので、展示会場で販売することに自信を持っていた。しかし、プロダクトアウトの発想のためか、被包装物との使用環境が合わず、展示会場での商談が不調に終わり、持ち帰ることになった。持ち帰ったものの国内では高能力の需要がなく販売もできず、後に営業の原専務や鈴木常務から責められ結局、廃棄することになったのである。

このことは、よほど悔しかったのであろう。高野社長は、私に1枚の文書を読んでおくように渡した。

そこには「1・失敗の積み重ねの中から新しいものが多く生まれてくる。2・失敗はない方が良い。だが、道への挑戦は計画通りにいくとは限らない。3・もし失敗が許されないなら、だれもリスクに挑戦せず、何も新しいものは生まれない。4・個人の創造性発揮・組織による新しい事業の開拓は、リスクを覚悟し失敗を許容してこそ新しいものが生まれる」と書かれていた。

おりしも、後継者とみられていた甥《おい》の技術部長が急逝したことも重なり、高野社長は大きな失意の中にあった。鈴木常務の定年もあり、経営のバランスが崩れてしまった。当時、総務を担当していた鈴木常務は、社員の待遇改善などに積極的であった。給料袋には「このお金はあなたの汗と努力の結晶です。たとえ少額でも良いので貯蓄する習慣をつけましょう。」と印刷してあり、妻は給料を受け取るたびに必ず読み上げていた。

鈴木常務の後任として、銀行出身でシステムエンジニアリング会社の社長をされた池澤晃氏を総務部長として迎えたのである。社会はバブル崩壊、失われた20年と呼ばれる低成長期に突入する。

1500E 型包装機

創業社長の急逝

高野社長は、いつも設計室に入り浸り、アイデアを出していた。このアイデアはいつも早すぎると言われるほど先見性を持っていた。そのため市場に受け入れられず断念した開発も多く、もう少しタイミングが合えばと思ったものだった。

私が高野社長の入院を知ったのは、亡くなった後のことだった。命日は1996（平成8）年3月3日。池澤部長は病床の高野社長から「後のことをよろしく頼む」と依頼されており、着任早々、告別式の段取りをされたのである。

名古屋市の大乗寺での個人葬では、ご遺族やお寺との調整、ほとんど分からぬ業界の弔問客への対応など、社葬に匹敵する告別式を見事に仕切った。名古屋駅近くのセレモニーホールでの社葬には、業界や関係会社からも多数参列、社員も全員が参列した。

高野社長の逝去に伴い、後継者となる親族がいなかったので経営陣は困惑したが、結局、原専務が代表取締役社長に就任した。高野社長はアイデアマンであり、新しい包装機械のことを子供のように一心に考えていた技術者だった。

原新社長は高野社長と創業時から一緒で、若い時は経理を担当していたが、途中から営業に専念していたため、会社の方向はプロダクトアウトからマーケットインへ大きく舵を切ることになった。ちょうど低成長時代に入り業績も芳しくなく、焦りもあったのだろう。高野社長が亡くなる直前に提唱した「大改革リストラ」を引き継ぎ、顧客主義の徹底やコスト低減に大ナタを振るったのである。97（平成9）年には部品加工や組み立て、市販品の調達などの協力会社34社を組織し、相互の意思の疎通および技術力の向上、経営の合理化を目的に「GP協力会」を発足させた。この発足式は名古屋観光ホテルで開催され、私が司会を任された。

このころ、池澤部長は常務に昇任しており、会社改革に手腕を発揮された。それまでは、配達された冷たい弁当だったが、食堂を改修し、温かい食事がとれるように社内調理を外部委託したり、作業着を明るい色に一新し、その洗濯を会社負担にした。原社長は就任時65歳、池澤常務はこの時点で既に後継者の育成と、銀行保証を必要としないことなどを考慮して上場への道程を描いて、原社長と合意形成されていた。

司会を担当した GP 協力会の発足式

7人の侍

高野社長急逝に伴って社長を引き継いだ原社長は、幹部候補となる社員を育成する目的で、私を含め7人の部課長を経営コンサルタント会社「タナベ経営」の運営する幹部候補生スクールに派遣した。これは池澤常務の助言で、原社長の後継者の育成を目的として10年先を見通したものだった。

1997（平成9）年4月から10月までの7カ月間、毎月1回、金曜日と土曜日に泊りで、リーダーシップの基本や部門経営・組織運営の基本を学んだのである。軍隊調の規律の厳しい基本動作の徹底など、初めて経験することばかりであった。事前に宿題として本を与えられ、「何々に学ぶ」という発表をするのだが、仕事が忙しい中で文庫本を読み、分析するのは大変だった。

課題は「八甲田山死の彷徨」、「新書太閤記〈炭薪奉行〉」「新書太閤記〈三日

普請〉」「坂の上の雲〈二〇三高地〉」であった。この中で最も印象深いのは、入校前に渡され、私が第1回目の発表者に指名され、発表後に木元仁志校長から突っ込まれ返答に困った、新田次郎の「八甲田山死の彷徨」だった。

この小説では、神田大尉が指揮権を山田少佐に奪われて、悪天候により引き返す判断が遅れ、大惨事を招いたことが描かれている。ここでは、上司に意見具申する勇気を持つことが重要であると感じた。徳島大尉からは、周到な準備と部下に目的を説明するなど、悲観的に準備し楽観的に行動することが大切と学んだ。その後の映画化によって有名になった、神田大尉の「神はわれらを見放した」の言葉は、リーダーシップの放棄といわれている。

私は「リーダーとはどんな困難に立ち向かったときでも、行くべき方向を指し示さなければならない」と考えるようになり、これを境に、何事も言われたことだけを無難にこなすことだけではダメだ、現状を否定して変革することとこそが、前に進むことなのだと思えるようになった。このほかにも、苦手とする計数の勉強や、10年間の当社の財務諸表の分析などを通して、現状分析とあるべき姿を学んだ。しかしながら、学んだことを実践するのはとても難しく、部門長として「試みた改革の成果が表れた」と言えるものではなかった。

あれから18年後に、別の会社に勤めていた愚息がこの研修に参加したのは全くの偶然である。

幹部候補生スクール

新米部門長

幹部候補生スクールに行き始めたころ、私は技術部次長で開発機械の制御設計を行っていたが、管理職肩書は名ばかりのものだった。ところが、しばらくして取締役で創業時から会社の技術を育ててきた安江貞治部長（私はスーパーマンと呼ぶ）が、営業を見ることとなり、私が実質的な技術部の新米部門長となったのである。

この頃の技術部は世代替りと他部門への流出、加えて環境変化についていけない技術者の脱落などが重なり、設計経験12年が1人、6年が1人の他は3年未満8人、女性1人の合計11人の若い集団だった。

この未熟者集団は放任主義で育ったため、責任感は強いのだが、安定志向で冒険はしない受け身の姿勢だった。加えて、それまでスーパーマンが全てを指示していたため、すぐにどうしましょう、と聞いてくるのだ。そこで、スクールで習いたての数値分析で進捗《しんちょく》状況を把握した。また、あいさつや朝礼の型決めなどの基本姿勢の徹底をするのだが、長続きするものではなかった。

しかしながら、少しずつ気迫は伝わってくるようになった。これらの実践で変わったことは、一人だけで仕事をしているのではなく、チームで仕事をしているという連帯感が生まれたことだった。毎日が大変忙しく、夜の10時、11時までの残業や土曜祭日の休日出勤も続いたが、いやな顔ひとつせず引き受けてくれた。きっと、頼りない新米部門長に同情したのだろう。

部内は確かに変化したのだが、自分はどう変わったのかと問われた時、答えに窮した。いくら外見上変わったように見せても、現状認識できているのか、本質を見抜くことはできているのか、本当に自ら重荷を課しているのか、強い意志力はあるのか、要領の良い世渡り上手ではないかと自己嫌悪に陥っていた。

そこで、得た結論は「いかにして自分を変えられるか」というものだった。人を変えるには、まず自分を変えることだと気づいたのである。それまでは強い自己主張だったり、正論だけの主張で、後ろ向きの発言や愚痴が多かったように思う。人とぶつかったときは、いったん聞き置いて頭の中を整理し、自己犠牲をいとわず前向きな行動を心がけていった。「先憂後楽、先憂後楽」と唱えつつ、１９９９（平成11）年、技術部長に昇任したのである。

幹部候補生スクールでの体験発表

タッチパネルの採用

初期の包装機械の操作盤は押しボタンと表示灯といったシンプルのものだったが、１９８８（昭和63）年、計量機メーカーであるイシダと協力して開発したＧＰ－２Ｆ型給袋包装機には、イシダの開発したカタカナメッセージ表示器が搭載された。その5年後に当社が開発したガス置換包装機ＧＰ－ＧＳ３Ｈ型には、私が仕様を作り、電機メーカーに依頼して作ってもらった当社オリジナルのメッセージディスプレーを搭載した。

98（平成10）年、私は当時主力包装機であったＧＰ－１０００型の後継機開発に関わっており、この操作盤には最新のタッチパネルを搭載したのである。この時、市販の何社かのパネルを比較検討し、最終的に建機のコマツ製のものを選定した。選定の理由は、この製品が画面の中に描画したグラフィックデザインに、動作や表示をＫ－ＢＡＳＩＣ言語（初心者向けプログラミング言語）で記述できるので、包装機のメイン制御が規模の小さなＰＬＣであっても、多くの機能を持たせられたからであった。

例えば計算式などをＰＬＣの拡張コマンドで行おうとすると、多くのステップを組み合わせなければならず、一時保管のメモリ使用も多くなってしまう。Ｋ－ＢＡＳＩＣ言語は、ベーシック言語にタッチパネル専用のコマンドを追加しているため、数式などは普通に記述すればよく、ベーシック言語が理解できれば複雑な条件判定などもこのパネル内で完結できるのであった。

また、建機での使用が前提のため頑丈で、環境の悪い所でも耐久性が優れていた。現在は、ＰＬＣのハード面の小型高機能化やコスト低減が進み、多くの機能が包括されていることから、このタイプのパネルは必要がなくなったのである。

このタッチパネルのプログラム開発時は、パソコンでゲームソフトをベーシックで作っていた時の経験が大いに役立った。何事にも好奇心をもち、「やってみる・試してみる」ことは、長い人生のどこで役立つか分からないものだ。今、子供たちが熱中しているテレビゲームもいつか役に立つのだろうか。

今思えば、あれもやっておけばよかったと思う事は多くあり、後悔するばかりだが後の祭りである。

タッチパネルを搭載した最初の包装機、2000 型

壁の役割

技術から営業担当となった当時の安江取締役は、力強い技術サポートで新規開拓や難しい案件に積極的に取り組んでいった。しかし、業績にはなかなか結びつかず、営業部員全体のベーシックなスキルアップまで目が行き届かなかった。そこで、大手商社の海外支店長を経験された田才浩造氏を営業部長に招聘《しょうへい》したのである。

この田才部長は大変マネジメント能力に長けており、営業部員のテリトリー制の徹底や役割分担と評価方法の見直し、代理店政策の転換、与信管理の徹底などの改革を実行した。また、営業基本マニュアルの作成や提案営業の実践講座を営業マンに周知させるなど、営業部員からは大変信頼されていたのである。

ところが、原社長は自身が行ってきた営業スタイルと違ったため、この管理営業ともいえる営業スタイルを良しとしなかった。社内でデスクワークが多かった田才部長に「営業は足で稼ぐものだ。なぜ社内にいるのだ」と繰り返した。堪忍袋の緒が切れたのだろう。

そんな事とは露知らず、私は管理担当の池澤専務から、「技術だけでは人間的な広がりがない。営業を経験してステップアップしたらどうか」という誘いを受けた。「私は、技術部の部門運営に取り組んだばかりで、結果も出していないので…」と固辞していたら、「原社長と田才部長の関係が芳しくないので、壁になってほしい。実務は田才部長が長けているから心配はない」という説明だった。

なぜ、私なのかと聞いても良くわからなかったが、営業部員が疲弊しているのは知っていたので、引き受けることにした。部長が2人では対外的にも問題があるだろうからと、営業統括部長という肩書だった。

異動した直後の役目は、もっぱら原社長に報告を行う役割だった。1週間ほど経った頃、田才部長から突然、「はい、これ引き継ぎです」と書類を渡された。田才部長は「それでは、これで失礼します」と退社してしまった。そのため、納入機のクレーム対応で、初めて一人でタイへ出張することになった。

タイでは、イシダタイランドの日本人の社長やスタッフにお世話になった。また、日本の大手調味料メーカーのタイ工場では、仕事が終わってから日本人工場長に運転手付きの車を出してもらい、一人きりで有名寺院を巡った。

タイのワットアルン（暁の寺）

経営インフラ整備

１９９５（平成７）年、創業者高野社長が亡くなったために企業としての「求心力」と「対外信用」が失われ、業績が落ち込んだ。当社の高利益体質構築への取り組みは、それに歯止めをかけ、次なる飛躍を目指す目的で、「中期経営計画」を策定したことに始まる。

株式の公開を視野に経営コンサルタントなどの力を借り、経営企画室の設置や内部監査の充実、業務のマニュアル化、原価・在庫・予算実績などの管理の徹底を進めたほか、部門ごとに目標と課題を定めることに取り組んだ。財務体質の強化に向けては社員持株会・役員持株会・ＧＰ協力会持株会を結成し、銀行や生命保険会社、ベンチャーキャピタルなどの増資を受けた。

これらを一気に推し進めようとしたため、通常業務でも目いっぱいの中間管理職は、まさにイバラの道を歩むことになった。今までやったことのない文書化や目標管理など、理解できないままやらされているといった感じだった。それでもよく投げ出さずに辛抱して、やり切ったものだと思う。管理担当の池澤常務は専務に昇任していたが、このインフラ整備に手腕を発揮し、現在の当社の経営インフラの基礎をつくったのである。

労働環境では、社員のモチベーションが上がるよう「衣・食・住」の環境づくりに注力した。また、人材育成面では教育研修機関などへの社員派遣や中途採用を積極的に進める〝外部の空気の導入〟を図った。98（平成10）年に取得した近隣の東第二工場と合わせ、単体の包装機だけでなく、包装機からウエイトチェッカー、カートナー、段ボールケーカー、パレタイザーに至るまでの一貫した「包装システムライン」の組み立てに対応できるようにもした。

株式公開を目指すうえで、最大の関門は、株式上場の形式基準となる業績であり、2000（平成12）年当時、売上高30億円、経常利益1800万円だったが、原社長からは何の根拠もなく「ゴーゴー」と語呂が良いからと言って売上高55億円必達という指令が出された。これが、私を含めた営業部員が目標達成意欲を失う原因となり、重苦しい空気が漂っていたのである。達成できたのは、実に17年後の17（平成29）年のこと。売上高58億円、経常利益3億9600万円だった。

中部経済新聞

経営インフラを整備

高収益体質に脱却へ

ゼネラルパッカー

環境向上へ本社工場一新

利益率10%台めざす

ビジネスNAGOYA

ゼネラルパッカーの本社

経営インフラの整備を報じる（中部経済新聞より）

ＰＬ訴訟に巻き込まれ

それは２０００（平成12）年、裁判所から突然送られてきた。その1年前、お菓子を包装する当社の機械で片腕をなくされた方があり、送られてきた訴状によれば、当社を含め被告４社に対し、およそ1億円もの賠償請求が起こされた。

原告側弁護士は14人が名を連ねており、ちょうどＰＬ法（製造物責任法）が周知された時期で、被害者保護の立場が強く表れた訴訟となった。当時、田才部長が退社したため、私が後任として対応を引き継いだのである。

ＰＬ法は製造物の欠陥から生命、身体、財産に被害を受けた場合、製造業者らに無過失責任を含め損害賠償責任を負わせた法律で、１９９５（平成７）年に施行された。当社もこの年から生産する機械については、機械の運転中に扉を開くと停止する安全カバーをつけて出荷していた。しかし、それ以前に製造した機械には、清掃のしやすさや、型替えの時間短縮などの理由からカバー不要との認識が一般的で、駆動部を除き製品が移動する領域にはカバーがなかった。

事故は、お菓子の納入先からアルコール揮散剤の小袋が表から見えないようにとの要望に応えるため、運転中の機械に対し、手で挿入するという作業を未熟練のパート従業員が行ったため、シールバー（高温の熱板）に腕を挟まれたものだった。

法律上のさまざまな観点から議論され、私は当事者が一堂に現場に会して確認を行う場にも参加した。そこには、けがをされた方もみえ、腕を機械から解放するため数十分もかかったと聞いて、機械を製造したメーカーの技術者として、大変申し訳ない気持ちだった。その後、会社を代表して弁護士との協議に臨み、２００２（平成14）年、当社との間では和解が成立してこの件は区切りがついた。

私が後悔するのは、日本包装機械工業会の「安全衛生基準１９８６」の制定に参画し、ＰＬ法の施行の流れを承知しながら、企業負担増の観点から、安全カバーの設置を努力目標としていた点である。その反省も込めて03（平成15）年に「機械工業の安全化技術に関する調査研究」に委員として参加した。

近年は、安全対策が徹底され、包装機械による人身事故は激減したが、異物混入や表示不良などの製品回収を伴う巨額なＰＬ訴訟がなお多く発生している。

裁判所に提出した資料。写っているのは私

ペットフードとの関わり

それまで、当社では海外案件は100に一つと言われるほど国内重視だったが、営業統括部長になり、これからは海外の案件にも積極的に取り組む必要を感じ、タイやオーストラリアへ積極的に出張した。

2001(平成13)年、オーストラリアのペットフードメーカーの担当者が当社を訪問。ジッパー付大袋用包装機の開発依頼を承諾し、完成したら買ってもらえる約束だった。その1年後、出来上がった包装機は幸運にもオーストラリアの委託包装会社に納入できた。ところが、もともと開発依頼されたメーカーに連絡するも、当事者が捕まらず良い返事は来なかったのである。

次の年、しびれを切らし、直接工場に押しかけ、設備担当者に面会を求めたが、あいにく不在だった。仕方なく帰ろうと踵《きびす》を返した時、受付嬢が「何か伝言か、渡すものがあれば預かります」と言ってくれた。持ってきたカタログと図面の入ったＣＤを預け、失意のうちに帰国した。

その１週間後、このメーカーから連絡があり再度訪問することになった。何せシドニーから車で４時間の風力発電と羊しかいない町にまた行くのである。タイに出張していた私は、深夜にケアンズからシドニーまで国内線に乗り換えたのだが、タイから一人で来たので、税関で麻薬の運び屋と疑われ、カバンの隅々まで綿棒で調べられた。

オーストラリアの契約は難しいので、弁護士を雇い現地で合流の段取りをした。早速、客先の工場で機械の説明をしていったが、日本から来てくれた商社の通訳は、機械や電気の専門用語が分からず、先方からあなたはいらないと言われる始末。結局、私がたどたどしい英語と、ホワイトボードに単語と図や数式を記述することで、納得してもらったのである。

その夜、「明日3台の契約をしたい」と言われ、何十ページもの契約書を渡された。それを宿泊先のモーテルにおいて徹夜で読み込み、当社が不利になると思われる項目を削除した。結果骨抜きのような契約書を見て、購買担当は不満をあらわにしたが、受け入れられなければ帰る、と強気に押し通した。

このオーストラリアへの納入実績は、当社にとって大きな一歩となり、間接的ではあるがその後のペットフードの商談につながっていった。

泊まったオーストラリア・ブレーニーのモーテル

ジャスダック上場

株式会社としてさらなる発展を遂げていくには、いずれ株式公開が必要となる。その上、当社は事業承継の観点からもその必要性を感じていて、2003（平成15）年に店頭売買有価証券市場の日本証券業協会ジャスダック市場に店頭登録した。04（平成16）年にジャスダック市場が金融庁の許可によって証券取引所に変更され、これに伴い当社の株式も同年12月に株式会社ジャスダック証券取引所への株式上場となった。

なお、ジャスダック証券取引所は現在、東京証券取引所に統合されている。また、名古屋証券取引所から重複上場のチャンスをもらい、2部上場を果たしたのである。

このように、実に幸運に恵まれ、背伸びをしたと言われるが、上場会社の端くれとなった。上場にふさわしいインフラ整備という事で、3階建ての南館を建設し、株主総会会場として使用できるように、大きな会議室を用意した。今では、全社員が一堂に会し、新年や期初の挨拶や各種式典、報告会なども開催している。2階には現在、私と常勤監査等委員、内部監査室長、経営企画室長ほか2名が執務している。1階部分は工場としての機能を持つ研究開発室となっている。

また、本社の玄関も自動ドアのきれいな外観にリニューアルし、上場記念モニュメントも近くの名古屋芸術大学の神戸峰男教授（当時）にお願いして作っていただいた。

今までなかった「社是」と「経営理念」を制定した。私はこれにはかかわっていないのだが、社是では、モノづくりの基本の基を表し、「経営基本方針」では、各部門のあるべき姿を指し示している。今でも全員が毎朝唱和しているが、良く出来ていると満足している。

この年、私は取締役に昇任したが、これを機に1998（平成10）年に幹部候補生スクールを卒業後に池澤専務から提出を求められた「幹部候補生スクール終了後フォロー表」の終了を許されたのである。2カ月に一度、実行課題とその結果と自己評価、対策を記載し6年間にわたり提出を続けたのである。まさに継続は力なりである。このフォロー表は「7人の侍」にも同様に求められたのだが、皆、途中で投げ出したので、最後まで提出したのは私一人である。

6年目のコメントには「6年目に入りました。これからもよろしく」と書いており、意地でもやめるものかという気持ちだった。

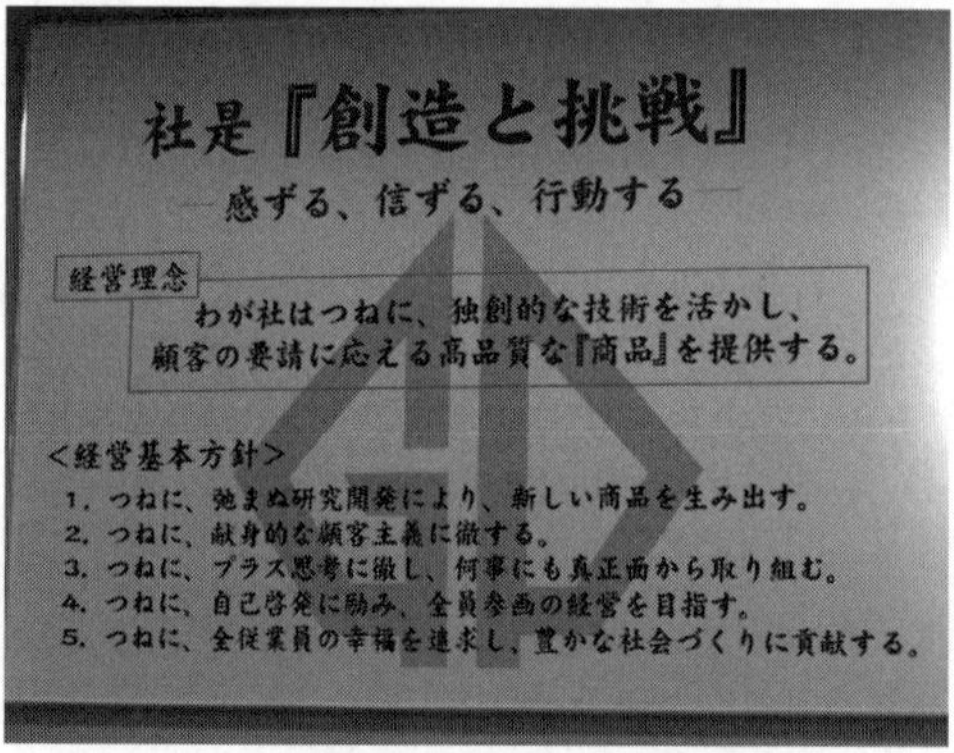
社是『創造と挑戦』
―感ずる、信ずる、行動する―
経営理念
わが社はつねに、独創的な技術を活かし、
顧客の要請に応える高品質な『商品』を提供する。
<経営基本方針>
1．つねに、弛まぬ研究開発により、新しい商品を生み出す。
2．つねに、献身的な顧客主義に徹する。
3．つねに、プラス思考に徹し、何事にも真正面から取り組む。
4．つねに、自己啓発に励み、全員参画の経営を目指す。
5．つねに、全従業員の幸福を追求し、豊かな社会づくりに貢献する。

株式上場を機に制定した社是

ペットフード包装機の更なる展開

２００４（平成16）年1月、フランスのペットフードメーカーから生産本部長が初来訪した時は単にあいさつ程度の話だった。６月に再来訪の時、ペットフード用機械を探しに来た。受注生産なので見せられなかったが、図面と類似機械の構造を説明することで生産本部長は納得した。サービス拠点がＥＵ圏内にないことを気にしてはいたが、内示を承諾して東京の展示会へ向かった。ところが展示会場で日本のライバル会社と契約しているフランスの代理店社長に説得され、展示会場から電話で内示の解消を伝えてきた。

この時は、内示のキャンセルに落胆し、「当社の機械は故障が少なく、万一故障しても飛行時間12時間であり、翌日には行ける」などと言わなければよかったと後悔した。

05（平成17）年には、同じ会社のコンサルタントと称するフランス在住の日本人から本社に電話で、だれか機械について説明できる人が東京にいないか、と問い合わせてきた。それも、その日の午後4時に茅場町まで来てほしいと言う。これが運命の出会いだった。

営業管理から、ちょうど東京に出張していた私に連絡があり、指定時刻に会う事が出来た。内容は1年前にライバル会社が納入した機械や対応に不満があり、至急当社の包装機を購入したいというものだった。「内示をキャンセルなんかするからだ」とは、口が裂けても言わず、「なんとかご期待に添います」との営業トークで価格は厳しかったが受注を獲得した。

6カ月後、フランスにあるこのペットフードメーカーの2カ所の工場に納入し、信頼を勝ち取ったのである。何というめぐりあわせなのだろう。内示キャンセルがリカバリーされたばかりでなく、その後、このペットフードメーカーの世界各地の工場に複数台の包装機を納入することになるきっかけになったのである。また、ユーザー目線の高機能包装機開発のチャンスももらった。このフランス人の生産部長と、フランス在住の日本人にはたいへん感謝している。

17（平成29）年までの12年間に、この顧客に納入した包装機は大小合わせて、合計44台で21億円の売り上げになった。現在も引き続き受注できていて、当社の海外売上高の大半を占めている。また、この関係で、親会社である世界有数のグローバルカンパニーへの納入実績も生まれ、要求仕様は世界標準で厳しいのだが、それをやり遂げれば、今後も大いに期待できると考えている。

ペットフードメーカーのキーマンらと

小麦粉の完全包装

従来、当社は小麦粉や砂糖、塩などの粉体の充填では定評があった。それは丈夫で長持ちの機械機構で構成された包装機であり、20年から30年も持つ機械であったからだ。生産設備の償却年数の長い業界に喜ばれたのである。

2002（平成14）年ごろ、それまでもお付き合いのあった大手製粉会社から、異物混入対策の一環として小麦粉の完全包装ができる包装機の開発を依頼された。小麦粉は夏と冬で粉の性質（嵩《かさ》比重）が違うため、それまでは、紙製の袋で折り込み部から自然に空気が抜けていた。それをプラスティックフィルムに変更し、完全な封をすると、粉の隙間や袋の中に空気が残り、製品の性質が変わるごとに袋サイズを変える必要が生じるので、タイトな包装は困難とされていた。

そこで、1つ目のロータリーで充塡をし、2つ目のロータリーのタッピング（叩き）によって脱気させるGP－2200型を開発した。充塡機には真空脱気オーガーと呼ぶスクリューを購入し搭載した。ここまでは、営業担当の安江取締役がお客様と折衝していたが、お客様は仕様能力に満足できず、機械構成の大々的な変更を求められた。客先担当者も論理的な思考の持ち主に変更になり、難しい交渉となった。そこで当社も、もともと技術屋である営業統括部長の私を担当に変えた。

私は、数年前に砂糖の包装機用に計量機メーカーに開発を依頼していた、吊り下げチェッカーというシステムを応用することにした。このシステムは、充塡を2回に分け、1回目では袋に入る限界の量（重量は目標値より少ない）を入れ、その後、いったん重量測定のため吊り下げチェッカーに受け渡し、測定データを記憶させる。その後、振動を与え、数工程後でもう一度不足分を追加投入するものだ。

こうした方法は以前から行われていたのだが、高速での測定は画期的であった。私はこの充填方法を「水のように入れ、岩のように硬くなる」と表現した。この時、お客様を含め共に知恵を出し合って開発に関わった方々とは、その後も親しくお付き合いいただいているが、本当に鍛えられたと思えるのである。

現在はより安定した性能を出すため、1ロータリーでステーションを増やし、GP－2300型になった。この方式は現在も、さまざまな粉体の包装に形を変えて寄与している。その歩留まりの飛躍的向上は、社会に役立っていると自負している。

粉体用給袋自動包装機、2300 型

クレーム処理

ものづくりの過程で、クレームは避けて通れないものであり、この対応が会社の運命を左右することは、昨今の異物混入などのおわび広告を見れば明らかである。対処法を誤った時ほど悔いの残るものはない。

ことは２００４（平成16）年、私が取締役営業統括部長だったときに、パン粉のメーカーに包装機と周辺機器を納品した際に起こった。一連のクレームは、当社が仕入れたアルコール揮散剤の小袋を投入する装置からの異物混入に始まる。当然のことではあるが、生産された製品はすべて廃棄処分となったのである。

やっと原因がわかり対策を施したのもつかの間、今度は賞味期限などを印字するサーマルプリンターのリボンに損傷ができ、印字不良となる事件が発生した。箱詰めラインで目視検査をしていたがすり抜けてしまい、市場クレームとなり回収騒ぎとなった。原因は製品を袋に入れるところで、飛散したパン粉がリボン部分に入り込んだもので、囲いをつけたら激減した。

しかし、まだ合格点はもらえず、文字のかすれに注目したところ、袋を納入する業者で表面にすべり剤の塗布量が一定でないことが判明した。そこで、印字部分を掃除する装置を付けた。お客様は非常に製品の管理に厳しく、安易な妥協ではなく不良品ゼロを目指された。1カ月近く現場に張り付きデータを取り、あともう少しというときにポッツと不良品が出るのだ。目視検査で見つかるので市場には出ないのだが許してもらえなかった。

結局、当時まだ高価だった文字検査装置を一部お客様にも負担していただき導入することになり、決着したのである。この件で私は現場で関係各社との折衝に明け暮れたのである。この時の損失は大変大きく、取締役会でずいぶん責められた。私は翌日、もらったばかりの賞与を会社の銀行口座に全額振り込んだのである。池澤専務からは「いらないのなら受け取る前に言いなさい」と、叱られた。結局、再び賞与をもらったので、賞与の二度払いとなった。

　このクレームからは多くのことを学んだ。これを契機にサーマルプリンターには文字検査装置が必須となり、包装学校でお付き合いのあった関係で、ライオンエンジニアリングに当社ブランドのＯＥＭ機を製作してもらい、セットで数多く販売している。

GENERAL PACKER
カンタン、正確、コンパクト
捺印、サーマルプリント、レーザー印字用
印字検査装置
GP-NC100S
Printing Inspection Equipment
GENERAL PACKER CO.,LTD.

導入した文字検査装置

中部包装食品機械工業会

一般社団法人・中部包装食品機械工業会は、1973（昭和48）年、中部食品機械として創立された。中部地区における包装機械、食品機械並びに関連機器・資材の製造、販売を生業とする同業者で組織され、87（昭和53）年に現在の名称に改称した。

当社は初代の生田幾也会長に勧められ、創立時から入会し、高野社長は理事に就任した。高野は80（昭和55）年、82年、84年の「名古屋包装・食品機械展」、86年、88年の「中部パック」と5回連続で展示会実行委員長を引き受けていた。また、副会長を経て、94（平成6）年、会長に就任したが、96年に任期満了前に亡くなった。

後を継いだ原社長は同年、監事に就任。その後理事を歴任し2004（平成

16）年、相談役となった。私は、それまで特に中部包装食品機械工業会に関わってはいなくて、中部パックの実行委員会に出席した程度であった。原社長が工業会の定年となり、私を監事に推薦した。私は、11（平成23）年に副会長となり、12年、14年の中部パックの実行委員長を務めた。

工業会の会長は高野社長の後17年間、フジキカイの生田芳規社長であった。生田会長は私より3歳年上。落ち着いた物腰で皆から慕われていた。多彩な人脈を生かし、新しい工業会事業をけん引した。工業会創立40周年記念行事も立案したが、13（平成25）年9月6日の式典に生田会長の姿はなかった。その年に40年史の完成を見ることなく急逝したのである。

私は、会長代行に就任することになったが、翌年の賀詞交歓会や「2014中部パック」は会長不在での開催となり、5月の定時総会で、正式に会長に選任されたのである。この間を含め、何をどうして良いかわからぬ私を支えてくれたのは、渡辺健壱、村田逸人の２人の副会長をはじめ理事会メンバー、吉敷美里事務局長のおかげである。心から感謝している。

当工業会は、日本包装機械工業会の会員と日本食品機械工業会の会員の混成メンバーで構成されており、食品関連機器から包装関連機器及びその周辺機器までを網羅する団体である。工業会の最も重要な事業は展示会の開催で次回の開催は「２０２０中部パック」であり、20（令和２）年４月22日から25日までの４日間、ポートメッセなごやで開催される。

「2018中部パック」会場で

社長に就任

２００５（平成17）年、原社長は73歳であったが、幹部候補生スクールに7人を派遣したり、ジャスダックに上場するなど、事業承継について準備を進めていた。そして、いよいよ後継社長を決めることになった。ただ私は、この経緯には一切かかわってはいない。

後の話では、法令違反など不祥事によるステークホルダーからの信頼の失墜、法律の厳罰化や規制の強化が事業の存続に大きな影響を与える出来事が繰り返されたため、当社にもコンプライアンスがより一層求められた。私は、技術一筋の純粋培養で育ってきたので、こうした点で「安全」と判断したのではないかとのことだった。

ともかく、原社長に呼ばれ、社長を受けるかどうかの返事を求められた。私は補佐型の人間だから旧来の取締役が適任だと思うと躊躇《ちゅうちょ》していたら、原社長は「他の取締役は自分と歳が近いのでダメだ。後10年は引き受けられることが条件だ」と。これは大変なことだと考えたが、「しばらく考えさせてほしい」と言ったのだが、猶予は与えられずその場で「受けます」と言ってしまった。

株主総会を経て、原社長は代表権を持ったまま会長に就任し、私は代表取締役社長で営業本部長兼務となった。その後は、新米社長として表舞台には立つことになるが、原会長は常に報告を求め、「俺も代表権を持っているのだから、君一人で物事を決めてはだめだ」と院政の様だった。

そこで、毎日、誰よりも早く出勤することにし、報告を欠かさなかった。特に月曜にはあらかじめ項目をペーパーに落とし、応接室にて一対一で報告した。原会長は、ほとんど聞いているだけで特に何か言われることはなかったが、新しいことや費用の発生することについては、時として拒絶された。ただし議論をすることはなく、説得しようと強く理由を求めると沈黙するのだった。

私は「わかりました。もう一度考え直してみます」といったん引き下がり、翌日に「昨日の件ですが、再考しましたが、やはり推し進めたい」と言うのだが、答えは同じ。それでも次の日もめげずにOKが出るまで少しずつ内容を変えて繰り返すのである。一旦「まー、それなら良いだろう」の言葉を聞いたら、すかさず「この書類に認め印を下さい」と。実に姑息な手段である。

この報告は、原会長が名誉会長となる10(平成22)年3月まで続いた。

社長としての社外デビューとなった「愛知ブランド」の認定式

日本包装機械工業会

日本包装機械工業会は、1967（昭和42）年に任意団体として誕生し、2017（平成29）年に50周年を迎えた。

工業会創立後、第3回日本包装機械展（ジャパンパック）が開催された。以降西暦の奇数年に開催されており、ドイツのインターパック、アメリカのパックエキスポと並ぶ「世界三大包装機械展」の一つと言われるまでに発展をとげた。当社は、第8回日本包装機械展に初めて出品し、その後、「第31回JAPAN PACK 2017」まで毎回出品している。当工業会が不況に強く発展してこられたのは、各企業の包装機械市場でのすみ分けがはっきりしていたからだ。製品ごとにトップ企業が異なり、企業によって得意な機械が変わってくる。過度な競争をしないことと、包装機械のユーザーが導入までのスピードや信頼性を重視し、同じメーカーの機械を選ぶためである。

また、工業会は1974（昭和49）年に、包装技術の基礎教育を目的とした専門人材養成機関「包装学校」を設立。当社では、私が2人目の派遣（第7期、80年）であり、以降毎年2、3人を派遣している。前期（第45期）までの全体の修了生は、累計4747人である。

私と日本包装機械工業会との関わりは、82（昭和57）年に、世の中の安全に対する意識の高まりから、包装機械業界の自主基準「包装・荷造機械の安全衛生基準」を成案するときに電気担当委員として参画したことからである。その後、色々な調査研究委員会の委員に就任し、包装学校の企画運営委員・講師なども務めている。その後、原社長の理事定年に伴って理事に就任。常任理事を務めたのち、副会長（技術委員会、包装学校担当）を仰せつかっている。50周年記念式典では、業界発展功労表彰24人の総代として表彰を受けた。

現在、技術委員会の重要な事業としては、「包装機械に関する唯一の業界団体として、ＩＳＯ／ＴＣ３１３の国内審議団体を引き受け、日本国内の意見集約と国際会議へ提案をしていく」ことがある。

世界の「ものづくり」のルールは欧米を中心に決められており、ＥＵ地域における統一規格（ＥＮ規格）の包装機械に関する基準を、ＩＳＯに提案するという形で進められようとしている。これを看過することなく、日本の立場を明確にする必要がある。我が国の国家規格であるＪＩＳは、ＷＴＯ／ＴＢＴ協定による制約もあり、ＩＳＯ規格が決まると特段の事情がない限り自動的にＪＩＳ規格となる。そうすると輸出しない企業もＪＩＳ規格に従うことが必要になり、多大な影響がある。

2017 ジャパンパックのテープカット

東館の建設

社長に就任して初めての大仕事は、2006（平成18）年の本社隣接地の取得であった。当時、隣接地には私が入社する以前から大手の現像所があった。現像所は振動が禁物で、当社の新社屋の建設や北館の建設時にはクレームが来た。当社が近隣に工場を借りて事業の拡大を目指していたころ、現像所はM&Aにより移転するとのことだった。「隣地は借金してでも買え」の言葉があるように、価格条件が悪くてもと考えていたが、「昔からのお付き合いだから」と良い条件での提示があった。

原会長はこの土地の購入を私に任せるというので、業績から見てすぐに建物まで建築するのは難しいと考え、土地だけの購入を決断した。その翌年、原会長から「いつ東館を建設するのだ」と、せっつかれるので、建設をせざるを得なくなった。しかし、その建物の建設予算はタイトに設定され、現場の意見を聞くプロジェクトの発足により池澤専務の差配で進められた。私は、プロジェクトに任せた以上、追認することしかできなかった。

東館は、新しい食堂や吊り代6・7mのクレーンの設置などはうまく使われているのだが、開発・設計室は手狭であり、トイレやエレベーターの位置や大きさなどは悔いが残る。部品倉庫だった部屋は図面保管庫に変わった。その後、屋上は人工芝の屋上庭園で植木も多く配置している斬新な空間となった。この庭園では毎年、バーベキュー大会が開催され、私は肉の焼き手とし重宝されている。

最大の誤算は、東館と本館を2階で接続するつもりであったものが、その後の東日本大震災に端を発する耐震基準の変更で、接続が出来なくなったことである。

私は、新社屋（本館）、北館と電気担当の立場で関わってきたが、工場建設の難しさを実感しており、同業の包装機械メーカーの新工場の「お披露目」に参加した際には、工場の空調の方法、照明の方法、走行クレーンの高さ、圧縮空気や窒素ガスの配管、試運転用配線の取り回し、クリーンルームへの対応などを注目して見て回っている。

最近では、製薬工場向けの充塡包装ラインの組立工場で、与圧されたクリーンルーム仕様で土足厳禁（専用の白い作業靴に履き替える）というところもある。食品製造に直結する包装機ラインでも、考慮しなければならない時代になってきたと思う。

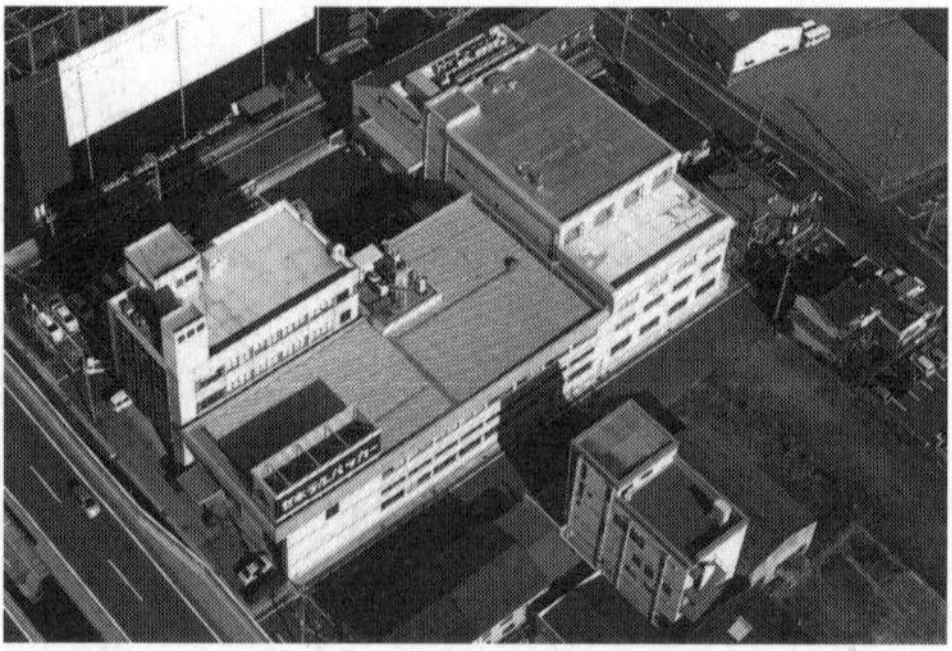

本社・工場全景

3年目の新体制

2007(平成19)年、前任の原社長の参謀として会社の改革に尽力された池澤専務は、役員定年を迎えて退任の運びとなった。専務は、高野創業社長が亡くなる直前に着任し、株式上場、基幹システムの構築、社員の労働環境の改善、工場インフラの整備、事業承継を念頭に入れた人材育成などに手腕を発揮した。私にとっては社長就任までの道筋を示してくれる、師と仰ぐ存在だったが、厳しい教育係の側面もあった。一方、原社長の片腕としてやってきたので、黒子としての役割が大きく、専務の退任時には原会長も一緒にという願いはかなわず、会長は残ったのである。

専務の後任としては、既に銀行から管理部長を招聘していた。この後、私は上場時に関わったコンサルタントや監査役に相談し、原会長の代表取締役退任を促したのである。この時の退任勧奨は、私にとって大変重荷であり、費やしたエネルギーは尋常ではなかった。

翌08（平成20）年、やっとの思いで原会長の代表取締役退任、名誉会長就任となった。これで初めて、社長1人だけ代表権を持つことになり、新しい体制が確立したと言える。私が、社長になってから3年目のことだった。やっと目の上の何とかがいなくなったのは良いが、今度は、私を支えてくれる参謀の存在が重要となってくる。何しろ技術一筋で来たものだから、財務や経理には疎く、営業ですら統括部長として、表敬訪問くらいしかできなかったのだ。

しかし、「窮すれば通ず」の通り、各部門長は私の集団指導体制に協力してくれた。特に管理担当部門長は後に常務、専務となり、常にナンバー2として支えてくれた。また、社外取締役や2人の外部監査役は、取締役会において議長である私に、意見具申や時には叱咤《しった》ともとれる厳しい言葉で助言してくれた。

ただ、いつも決め台詞は「それは社員のためになるのか」であった。この問いに関して、私は自信をもって「なります」と答えた。

そして外部監査役の1人である村橋康志弁護士は、さまざまなものの見方や、生き方から趣味の旅行や絵画のことまでを指南してくれた。その中で村橋弁護士のすすめであったアクリル水彩画をやってみようと思ったのである。村橋弁護士の絵は心の叫びと言っておられるように抽象的であるが、私にはどうしてもまねできない。そこで、風景をリアルに描く道を選び自己流で描いている。

社旗掲揚施設の完成を記念して

ＹＳ会のはじまり

２００９（平成21）年、社長就任後の新体制になり、私は日本包装機械工業会の特別講演会や総会後の懇親会で、気の合った社長と飲む機会を得た。11（平成23）年には東京・京橋で新年会を開催し、これを機に「ＹＳ会」が発足した。

この会のメンバーは東京自働機械製作所の山本社長、アンリツ産機システム（現・アンリツインフィビス）の政社長《つかさ》（当時）と私の３人である。発足の趣旨は、この業界はいわゆる同族企業が圧倒的に多いことから、サラリーマン社長同士、愚痴を言い合うと言うものだった。そこで、私は「雇われ社長の会」と言う意味でＹＳ会と命名した。

この会は、国内ばかりでなく、上海の展示会のついでに合計４回、ホーチミンではお客様の工場見学を兼ねて開催している。メンバーも開く都度１人、２

人増えていき、「YS会＋1」などとしていた。食事をしながら包装に関する技術論議に花を咲かせるのである。山本社長は下戸でありながら、飲み会にも参加する。2人の社長はどちらも、大変アクティブで趣味が多彩。歌も特別にうまい。

この会は年に2、3回のペースで続けられ、18（平成30）年9月までで計21回となっている。その中で、最も印象に残るのは、16年（平成28）に政さんの実家がある奄美大島で開催した「YS会＋1in奄美大島」である。休祝日を利用した3泊4日。費用を最小限にというのが会の趣旨なので、成田空港からはLCCで奄美大島に。プラス1（名三工業（株）鳥山社長）で4人の会となった。

まずは島内見聞と、政さん所有の軽ボックス車で島の自然を中心に案内してもらった。マングローブでカヌーに乗ったり原生林を探検した。やはり島に来た以上は海に入らねばと、私と山本社長はシュノーケリングでサンゴ礁の海に潜った。政さんと鳥山社長は釣りと二手に別れた。

圧巻は、魚船をチャーターしての大島海峡での船釣りで、水深１００ｍと深く手巻きのリールでは大変だった。鳥山社長は大きな高級魚「千年鯛」を釣りあげご満悦、私も金目鯛を釣ることが出来た。10匹の釣果であった。夜に政さんがさばいてくれた刺身での一杯は格別だった。まるで、オッサン（爺さん？）たちの修学旅行である。その後は東京、厚木、名古屋の中間という事で、小田原での開催は3回に及んだ。次回の開催を楽しみにしている。

なお、ＹＳ会第22回の開催を計画中に政さんが病に倒れ、秋に延期を決めた後わずか2週間で逝ってしまった。本書の発刊を楽しみにしていてくれたのに残念でならない。ご冥福をお祈りいたします。

奄美大島での YS 会記念撮影

何のために誰のために

ここ数年は、業界で私が師と仰いだ先輩方が亡くなっていく。これは、歳の順だからしょうがないことと受け止めている。しかし、2017（平成29）年、18年と2人の甥が亡くなってしまった。一人は35歳で病死であり、もう一人は38歳で交通事故によって1年間意識が戻らなかった。ともに優秀で将来を嘱望されていた。

小さなお子さんや残された家族にとって、その悲しみは計り知れない。若い人が亡くなったという記事を読んだりすると、どうしてそうなったのか、なんとか防ぐことは出来なかったのかと思うのである。

10（平成22）年、11年と続けて、名城大学都市情報学部の「キャリアアップ講座」で、講義の依頼を受けた。担当講師によれば、この講義の目的は、就職活動そのものがピンとこないで就職活動に出遅れる学生が多いので、就職活動前の2年生を対象にして、社会に出ると言うことがどういう事かを、中小企業の社長の話を聞くことで少しでも理解させたいとのことであった。

私の講義の内容は、当社の業務内容と包装というものについてと、私の入社から社長になるまでの経験談と、「何のために、誰のために働くのか」というものだった。この中で学生に次のように問いかけている。

「貴方は何のために誰のために働くのですか。夢の実現のため、社会貢献のため、人類のため、日本国のため、会社のためなど、すごく大きな視点も大切ですが、わたしは、もっと身近な事を考えてください。愛する人のため、家族のため、そして、最後に自分のために働くのです。自分を大切に出来ない人が、他人を幸せになど出来るわけがないと思います。これから社会に出ていく皆さんに、自分を大切にしてもらいたい」

学生の反応は、あまり良いとは言えず20歳ぐらいでは、まだ実感がわかないのだろうと思う。私自身のその頃を思い出しても、大学生活を謳歌し、遊び歩いていたわけだから偉そうなことは言えないのだが、何とかなるはずだと楽観的であった。

その後、講義の依頼はなくなってしまったのは、就職環境が改善されてきたからだろう。現在のような人手不足の「就職バブル期」となった状況では、そんな心配は必要ないのかもしれない。

名城大学での講義風景

創業50周年記念式典

２０１１（平成23）年12月28日、当社は創業50周年を迎え、記念式典を名古屋マリオットアソシアホテルにおいて、総勢２２５人を迎えて開催した。記念講演会は中部大学教授の武田邦彦氏による「原発・エネルギーと日本の将来」であった。私のあいさつではスライドで創業から会社の歴史を紹介し、10年先を、見据えた長期ビジョン、目指す企業像として、海外重視と包装機のメカとサーボモーターを組み合わせたハイブリッド化を発表した。包装機はハイブリッド機ＧＰ－３０００型が開発され業績に貢献しているが、欧州の代理店は未だ成功していない。

記念式典後には、故高野社長に代わりに高野まさ子さんに感謝状を贈った。盛大な祝賀会も実施した。

創業50周年記念事業としては、中部地区での企業認知度向上を目指した名証2部上場や、ワイ・イー・データとの資本業務提携、ISO9001の取得、社史の編纂《へんさん》などがあった。当社にとって初めての社史の編纂では、私が知らなかった創業期が明らかになったので、ここで紹介したい。

ゼネラルパッカーの創業者、高野壽は岩手県の出身で東京の製菓機械の会社に勤めていた。戦争が終わると岩手に戻ったが、粉末ジュースで名を馳《は》せた渡辺製菓から機械整備の派遣要請があり、名古屋に出張。結局、渡辺製菓に入社した。1955（昭和30）年、渡辺製菓は会社整理されることになり、高野は自宅の軒先に万力とグラインダーを置いて機械修理の仕事を始めた。

57（昭和32）年、再生した渡辺製菓の幹部からも資金を仰ぎ、高野を社長として、部谷誠則と2人で東陽機械製作所を設立した。粉末ジュース充填機の開発により受注は増えたが、渡辺製菓のライバル企業への納入が制限されたため、高野は新たに会社設立を決意。社名は当時としては斬新な「ゼネラルパッカー」に決まったが、最初は客先に馴染みのある「東陽」の名を使い、61（昭和36）年、東陽商事有限会社を設立した。この時、後に専務・社長・会長となる原淳が入社したのである。

その後、販売部門はゼネラルパッカー販売有限会社、ゼネラルパッカー株式会社と改組し、製造部門は株式会社ゼネラルパッカーとした。69（昭和44）年、販売部門が製造部門を吸収合併し、ゼネラルパッカー株式会社が発足した。私は、このような創業時の話は、それまで断片的にしか聞いたこともなく、高野社長の創業の精神をここで知ったのである。

50周年式典でプレゼンする私

濱田社長との出会い

業界の社長などから、「資金調達の必要のない貴社にとって、株式上場によって何か良いことはあるのか」と聞かれることがしばしばあった。私は、「良い人材の獲得、M&Aなどの協業メリットがあること」と答えていた。実際には株式の流動性が芳しくないうえ、ニッチな業種であるため知名度はなかなか上がらず、人材確保に苦慮しているのである。しかし、M&Aのチャンスは格段に多くなった。その一つが、ワイ・イー・データとの資本業務提携である。

2010（平成22）年12月、突然見知らぬM&A仲介会社から私に直接電話があり、「M&Aの話だが興味があるか」と聞いてきた。私はその場しのぎに、年末は忙しいから来年2月ぐらいならと言った。まさか真に受けるとは思っていなかったが、翌年1月に再び連絡があり、今度は断りにくかったので面会を了承した。M&Aの相手先は明かさず、概要の説明を受けたが判断は出来なかった。会うだけなら、と日程調整を依頼した。

5月になって、初めてワイ・イー・データの濱田兼幸社長が来社され、資本業務提携へと話が進んだ。濱田社長は食品包装にロボットを活用することを熱心に語った。当社の資金負担や経営に対する変更はないという好条件で進んだ。私は、当社の多くの株を持っている創業家や役員OBを訪問し、資本業務提携への理解を得、株式の移動を促した。

12(平成24)年に、ワイ・イー・データが、当社の株式の約15パーセントを保有することになった。当社は濱田社長を社外取締役として迎えたのである。濱田社長はサーボモーターやモーションコントロールに精通されており、私が持っていた、さまざまな疑問に答えてくれた。

また、福岡県田川市の高校の思い出などを楽しそうに話されたり、興味のある推理小説や社会性のある本を紹介してくれた。今まで狭い範囲の本しか読まなかった私にとって、新しい世界が開かれたのである。当社の取締役会では、常に外部からの目線で意見具申される、私にとって頼れる大先輩であった。また、上京した折には、仕事に役立つだろうとさまざまな飲食店に連れて行ってくれた。（濱田氏は16年に社長を退任された）

なお、18（平成30）年8月にワイ・イー・データはメカトロソリューション事業を分割したので、当社は安川電機の子会社ＦＡＭＳとの資本業務提携となった。

ワイ・イー・データとの資本業務提携

青島から上海へ

２０１１（平成23）年、お客様の紹介で、中国籍の営業マンが入社した。日本の大学を出て日本企業に就職していたが、希望の中国勤務ができなかったことから転職してきた。彼は大変まじめで意欲満々であり、中国へも出張していた。

中国でも少しずつ成果が出てきたことから15（平成27）年、上海・仙霞路遠東国際広場に日本通用包装机株式会社、上海駐在員事務所を開所した。上海の中心部で日本企業が多く入所しているビルの10階である。オフィスだけでは機械も見せられないというので、青島の協力会社の一部を借用して「青島ショールーム」を開所した。充塡テストと、サービスマン養成の拠点にしようと考えたのだ。ところが、この協力会社の心変わりによってショールームの閉鎖を余儀なくされた。

翌年、大阪に本社を置く中国人資本の会社の支援を受けて、蘇州日技通用包装机械有限公司という名の現地法人を設立することになり、本社・工場を江蘇省常熟市支塘鎮にある大阪の企業の工場の一角に開所したのである。初めての海外現地法人の設立なので、プロジェクトを立ち上げ、どの時点で撤退するかをあらかじめ決めた上で、損益を明確にして運営していった。

当初は、製造コストを下げるため中国で調達した部品で中国製包装機を生産する計画だったが、思わぬ障害にぶつかった。現地では数値制御の加工機械によって大量に生産することが一般的で、当社の生産する程度の量では、職人による汎用加工機での生産が近隣ではできず、結果日本よりもコストアップになってしまう。そこで、日本から部品を送って中国で組み立てるノックダウン方式を取らざるを得なくなった。この場合輸入関税と増値税（消費税のような税）が高く、このままでは価格競争力で韓国や中国企業に勝てるわけがない。

また、ショールーム機能やサービスマン養成という点では、なくすわけにいかない拠点である。今のところ、日本で実績がある難しい包装機については優位性があるが、多くは望めない。大きな市場であるので何としてもこの拠点を活用したいが、安かろう悪かろうでは、せっかく築いてきた信頼のジャパンブランドを無にしてしまう。重要部品は日本から、そうでもないものは中国生産と割り切って、新しい包装機を開発するのだろう。

今後の方向性は、中国政府の税制など経済政策の変化を見ながら、ということになる。

中国・常熟工場の開所式の様子

M&A

M&Aの話は、株式上場以来ひんぱんに舞い込んできた。その都度、専務（現・副社長）と入口での感触だけでふるいにかけていた。興味があるものについては、取締役を招集し協議した。その中に、所在地も近く業績も良いが、後継者が不在でという案件があった。乗る気で取締役たちと現地を訪ね、ほぼ決まりかと思っていたら、先方から別の会社に決めたという断りの返事が来た。うまくいかないものだ。しょせん、お見合いのようなものなので、ご縁があればということになる。

M&Aの話を持ってきてくれるのは、専門の仲介会社か金融機関である。2015（平成27）年、当社のメインバンクから、横浜にあるチョコレート製造機械メーカーが、後継者不在により引受企業を探しているという情報があった。

当社は中期経営計画で、新規事業の開拓と第二の柱を模索していたため、製菓機械という新しい事業に興味を持った。また、販売先が当社の顧客と同じ大手菓子メーカーであり、親近感が湧いた。さっそく、相手先のオサ機械の長社長に会うことになった。

先代からのチョコレート機械の老舗で、業界での知名度は非常に高く、機械の更新時期なので今後の業績も安定しているとの説明だった。長社長に、当社とは技術が違いすぎるので不安を持っているというと、ノウハウは写真と文字で記録しているうえに、ご自身が顧問として残り技術伝承をするから心配ないとの説明だった。

話は進み、16（平成28）年、オサ機械を完全子会社にＧＯＴ（GENERAL PACKER・OSA・Total planner）グループと名付けた。ところが、当社から常務を社長として送り込み、引き継ぎが終わった数日後、長氏は早々に退社されてしまった。残された経営幹部は70歳過ぎの高齢で、社員は30代が中心。その間には空白が生じていた。過去に納入した客先の情報や提出した見積書も整理されていなくて、原価もどんぶり勘定であった。何とかしなくてはと、当社の経理マネージャをはじめ、内部監査室長も全面的に応援していった。肝心のノウハウの確認のため、技術部長を送り込んでみたが図面化、文書化などの記録に残せる技術ではなく、過去の経験に基づく「勘」が支配する世界だったのである。現在、高齢幹部からの引き継ぎを急いで行っている。まさに時間との勝負だ。

子会社化したオサ機械

社長を退任

前任の原社長は、ご自身は別格として役員の定年制を提唱された。これは、当時の取締役の退任を促すという目的があったのだが、経営陣の若返りを望んでいたことは間違いない。社長の定年は65歳の任期満了まで、その他の取締役は63歳までとしたのである。今から思えば少し早いかと思ったが、その時は同意した。また、日本包装機械工業会では長老が幅を利かせていて、私なども「老害ではないか」と言葉に出していたのである。他人に向かって言ってきた以上、自分がその立場になったとき言われることも自覚しなくてはならない。私は、２０１７（平成29）年10月の株主総会をもって、代表取締役社長を退任したのである。

そこで、後継者選定の問題が生じるのだが、外部取締役、外部監査役などに事前に何回か相談をした。また、毎年3月の役員合宿で行っていた「この先十年を見越して」というディスカッションのなかで、後継者についての私の考えを伝え続けてきた。

その1、当社は開発主導型企業であるので、後継者は生え抜きである技術出身者が望ましい。

その2、次の交代を考えると10年は現役であるため、就任時60歳未満であること。

その3、上場会社である以上、社会規範に反することなく、社員からも信頼されていること。

この三つの条件で候補者を絞り、2年かけて熟考したのである。結果は、私が現社長の牧野研二君を推薦し取締役全員一致で決した。

社長退任後の処遇については、私が前社長から引き継いだ時のような院政の形にはしたくないので、代表権を外し、各部門に関する個別のことについて口出しをしないし、報告も取締役会で十分で、社内の会議には出席しないと明言した。

当面は日本包装機械工業会の副会長の任期と中部包装食品機械工業会の会長の任期を全うし、両工業会の後継者への引き継ぎがなされるまで、業界への貢献に専念することにした。また、会社では同じフロアーにいるだけで忖度したり、プレッシャーを感じることもあるだろうから、監査等委員（常勤）や経営企画室、内部監査室のある南館に移ることにした。出勤も1年目は「月・水・金」、2年目は「月・金」、3年目以降は週1日として、ソフトランディングするつもりだ。

社長退任の朝、オフィスのデスクで

社長はアクター

私は、上場会社の社長はアクター（演技者）であるべきだと考えている。観客ではないが株主や社員などのステークホルダーに対しては、シチュエーションに応じた見せ方が必要である。社員の前では現状を包み隠さず、信念をもって訴えなければならないし、不特定多数の株主に向けては、安心感、誠実さを前面に打ち出していくことになる。

これらすべてに共通するのは、姿勢を正しくするということに尽きる。小さいころ、背中を丸め気味にしていた私は、母親から背筋を伸ばすように再三注意された。これが今になって役立っているのである。声も重要な要素で、鉄道不動産会社の社長だった叔父から、「お前は、声が良いので得をするぞ」と言われていた。残念ながら50歳ごろに声帯ポリープを除去してからは、ガラガラ声になってしまった。しかし、マイクがなくても聞こえるぐらいの勢いのある発声を心がけている。歩くときは、前かがみにならないようにする。かといって、そっくり返ってはいけない。立ち姿も意識しなければならないが、モデルでもないので、意識して常にピンとしているのは結構疲れるものである。

また倫理面の問題としては、グレーゾーンには近寄らないことだ。最近水彩画を描き始めたのだが、水彩画では多めの白色絵の具に、わずか一滴の黒色絵の具を垂らすだけで灰色になる。ほんのわずかの黒でも白にはならないのである。同業のオーナー社長の中には、会社のお金と個人のお金を混同する人もいるが、上場会社のサラリーマン社長としては、厳格に公私の分別を行わなければならない。判断基準は、常に社会や会社に対し間違っていないか、自己の満足のためではないか、と問うことに尽きる。

当社は創業社長時代から、社用車を社長用としては保有しない。社長室は設けない、などが慣習となっている。また、これは私だけであるが、海外の展示会の視察については、自費で行くことにしていた。若い社員により多くの経験を積ませたいので、会社の費用はそちらに使ってほしいという思いからである。

創業者より受け継がれてきたケチケチ作戦は必ずしも良いとは限らない。もう少し将来のための投資や人脈の構築のための交際費などは必要だったとは思うが、私も創業社長の影響を受けているのは間違いない。

私が描いた水彩画

包装機械の将来像

食品や医薬品、日用品、工業製品などが商品として流通するには包装が不可欠である。内容物の品質を維持しつつ、安全性を保って輸送していくためには包装というものが欠かせない。将来、包装がなくなることはありえない。そして、それを可能にするのが包装機械ということになる。

近年、ロボットが産業の中心となっているので、包装機械はいわゆる人型ロボットにとって代わるのではないかと言われているが、商品を高速で大量に生産する場合は、商品の特性に応じた専用の設備、すなわち包装機械が適している。

例えば、ペットボトルに液体を充填する、袋にお菓子などを入れる、薬などをブリスターパックにする、また、それらを箱に詰めるなどと、それぞれ全く異なる方法で包装している。共通しているのは、サイズの異なる数種類の製品を「型替え」と称して兼用できる点である。そのため、最近ではサーボモーターを多く使用し、数値化した位置の制御や、モーションコントロールというダイナミックに動きを変更するといった高度な制御をしている。

近年、世の中ではＩｏＴ（モノのインターネット）やＡＩ（人工知能）と声高に叫ばれているが、包装機械も例外でなく、これらの最新の技術を取り入れて、より簡単なオペレーションや型替えを可能にしている。

しかしながら、私はこれらの技術の根本はメカニズムを基本としていると考えている。どんなにプログラムが良くなったとしても、モノを動かす部分には機械機構がなくてはならないのである。

私と同じ考えをお持ちの西山禎泰・愛知工業大学客員講師が監修され、瀬戸市で開催された「瀬戸蔵ロボット博２０１８」に包装機械のメカニズムをわかりやすくしたデモ機を出展した。これは、カムやレバー、リンクといった機械要素の基礎ともいえるもので、現在ではサーボモーターに置き換えられているが、機械技術者にはぜひ見てもらいたいと思っている。このデモ機の設計を当社の若い技術者に任せたら、非常にユニークな発想で小さな子供でもゲームをしながら機構を学ぶものに仕上げてくれた。西山先生はご自身を「ロボ太郎」と称されているので、当社のデモ機は「メカ太郎」とでも呼ぶことにし、新人教育やリクルートなどに活用していく。

「瀬戸蔵ロボット博 2018」で展示した「メカ太郎」

妻に任せきり

これまで触れなかった家庭のことをお話ししたい。私が結婚したのは、1980（昭和55）年で29歳。入社5年目だった。

当時のゼネラルパッカーは開発機ラッシュで、私は大変忙しい日々を過ごしていた。包装学校入校や、米国視察もこのころのことだ。子供も2人授かったが、忙しさにかまけて育児は妻に任せきりになってしまった。子供の成長の記憶がないのである。

最近、孫の相手をしていて、自分の子のことを憶えていないというと、「あなたは仕事ばかりで、子供の面倒を見たことないでしょう」と一蹴される。しかし、オートキャンプや旅行、スキーなどには良く連れて行った。そのことを大人になってから子供に話すと、全く覚えていないという。それでも、きっと成長の段階において影響を与えられたはずだと確信している。

妻は父が病院通いの時、慣れない道を大垣まで運転してくれた。入院してからは、母が父に冷たくするものだから、父はなんでもかんでも妻に依頼する始末だった。父が84歳で他界した後、今度は、母が自活できなくなり２００８（平成20）年、家を新築して同居することとなった。

その後、母は歳と共に認知症が進み、介護はすべて妻の役目となった。私は母の世話をすることなく仕事に専念する日々が続いた。14（平成26）年、97歳で母は他界した。やっと介護から解放されたと思ったら、ペットの13歳のコーギー犬が筋肉の病気で後ろ足が麻痺し、台車で散歩に行くことになった。これにもやっと慣れてきたところで、今度は福井の実家で暮らしていた92歳の妻の母親と同居することになった。軽い認知症があったが、1年間介護した。妻は実に親を3人と1匹の介護をしてくれたのである。頭が下がる思いである。今の私があるのは、支えてくれた妻のお陰であり、ただただ感謝するのみである。

なお、コーギー犬（名をクッキーという）は2～3時間の間隔でほえるので散歩に連れて行かねばならず、妻は睡眠不足が続いている。クッキーの先が長くはないことは覚悟の上だが、生きている限りは放っておくわけにはいかず、泊りがけの旅行はしばらくお預けである。はたしてわれわれは、元気なうちに海外旅行に行けるのだろうか。

妻と愛犬のクッキー

結びに変えて

人生はある意味、あみだくじのようなものだと考えている。ただし、普通のあみだくじと違って、スタートを自分で選べない。どんな境遇の家庭に生まれるかは神のみぞ知る。くじの最下段には、平凡な会社員とか政治家、大企業の部長、もちろん中小企業の社長もあり、浮浪者もある。

また、縦の線と横の線が交わる所は、通常は横、次に縦線にぶつかれば下方にと決まっている。このルールに従うなら、人は生まれながらに運命が決まっていることになる。

しかし、私の考えるあみだくじは途中、何箇所かに人生の分岐点が現れる。この分岐点では、上か下か、曲がるか直進するか、任意の方向に選択できるのである。この選択は、ある判断基準によって行われると信じている。

このマイウエイの中で、私の場合3カ所の分岐点があったと書いてきた。

1つ目は、当社に入社を決めたとき。

2つ目は、外部研修において自己を変えられたとき。

3つ目は、技術から営業に異動したとき、である。

これらに共通する判断基準は、「自分の将来に役立つかどうか、自分の得になるか」という、いたって自己中心的なものだったように思える。ただ、その分岐点までにどれだけ経験値を多く得たか、出会った人々から何を吸収してかによるものだ。「人生の分岐点」は誰にでも間違いなく存在するが、それは後になって「あれがそうだった」と思い出すのであって、一生懸命に生きている「今」その時にわかるものではないのだろう。

すべては結果論ではあるのだが、マイウエイを書き終え、自分を冷静に見つめなおす機会を得たことで、より確信するのである。

さらに、いかに自分を取り巻く人々が、さまざまな形で私を支えてくれたことか。その理由を1人1人に聞くこともできないが、支えてくれた皆さんがマイウエイのような自分史を記述するときに、「あの、○○だった梅森君は…」といった形で私を登場させてくれるのではないかと、ひそかに楽しみにしている。それまで、元気でいようと思う。

このような振り返りのチャンスを頂いたことに感謝するとともに、登場してくれた関係者の皆さんにお礼を申し上げ、結びとさせていただきます。

標高が日本一高い西穂高岳のポストに２人の孫への手紙を投函（2018 年 11 月）

あとがき

　本書の題名を「人生は選択できるあみだくじ」としたのは、留年するような優秀ではない学生が上場会社の社長になっていく道筋は、ニッチな業界での中小企業では稀有な存在と言われ、その体験談は学生やサラリーマンにとって「夢ではない現実味を持った目標」となれるのではないかと思ったからです。「人生の分岐点」は誰にでも表れるはずです。その時どう選択していくかについて、本書がほんのわずかでもお役にたてればこの上なき幸いです。

　マイウエイの執筆では、時系列ではありますが一回読み切りという感覚でしたので、その時代ごとに一番印象に残っている話題を取り上げていきました。

　今回、本の出版という事で通して読んでみて気付いたことは、入社後のバブル期に何があってどう生きてきたか、記録もなければ記憶もないのです。空白の期間が存在するのです。これは仕事に限ったことだけでなく、家庭での出来事や子供の成長もこの時期が飛んでいるのです。たぶん目の前の仕事に忙殺されていたのだと思います。こんな仕事人間が、いざ社長を退任し時間の余裕ができてもどう過ごしてよいかわからないのです。

先輩たちからは、趣味を持ちなさいと色々な助言を頂きました。ＹＳ会の山本社長は家庭菜園を勧めてくれたので、庭に畑を作り、天気の良い日はせっせと畑仕事をしています。当社の監査等委員の村橋弁護士からはアクリル水彩画を勧められ絵画教室へ行こうと思いましたが、人の言うことに素直になれない性格のため踏み切れませんでした。そこでインターネットで検索し、自己流でマイウエイの執筆とほぼ同じころに描き始め、およそ10カ月で30作品を描きました。稚拙な作品ですが、その一部を巻末に掲載させて頂きました。

最後にこのような機会を頂いた中部経済新聞社に深く感謝するとともに、執筆のご指導を頂いた中部経済新聞社編集局の春田様、細越様、企画開発局の奥村様、安藤様には心よりお礼申し上げます。

平成31年4月吉日

筆　者

絵画 1:「ウエイトレス」
ドイツ・リュー
デスハイム F3
(272 × 220)

絵画 2:「イタリア・アルベロベッロの家」リトルワールド F3
(220 × 272)

絵画 3：「シカゴ・ダウンタウン」マコーミックプレイス F6
(318 × 409)

絵画 4：「矢筈池」茶臼山高原 F6（318 × 409）

絵画 5：「沖縄の海」浜辺の茶屋（216 × 166）

絵画 6：「クッキー 13 歳」香嵐渓にて（210 × 210）

＊本書は中部経済新聞に平成30年11月1日から同年12月26日まで四十六回にわたって連載された『マイウェイ』を改題し、新書化にあたり加筆修正しました。

梅森 輝信(うめもり てるのぶ)

1975（昭和 50）年名城大学理工学部機械科卒。同年ゼネラルパッカー入社。2003 年取締役、05 年社長に就任。17 年から現職。日本包装機械工業会副会長、中部包装食品機械工業会会長を務める。
稲沢市出身。

中経マイウェイ新書 043

人生《じんせい》は選択《せんたく》できるあみだくじ

2019 年 8 月 5 日 初版第 1 刷発行

・

著者 梅森 輝信

発行者 恒成 秀洋 発行所 中部経済新聞社

名古屋市中村区名駅4-4-10 〒450-8561
電話 052-561-5675(事業部)

印刷所 モリモト印刷株式会社 製本所 株式会社三森製本

ISBN978-4-88520-223-0